白骨に学ぶ

―人道《にんどう》の苦・不浄・無常相―

岸田緑渓

「親鸞聖人伝絵」（康永本「聖人入滅段・火葬の場面」京都 東本願寺蔵）

『白骨に学ぶ――人道《にんどう》の苦・不浄・無常相――』＊目次

まえがき――「腐敗屍骸墓《ふはいしがいはか》」はなぜ作られたのか――

ほぼ五年前のことです。沖縄県先島列島のある島で夕刻に海岸近くを歩いていたとき、石灰岩堤の下に頭蓋骨が二首、それと太腿骨などの遺骨がちらばっているのを目にしました。頭骨は風化がすすみ、周囲の砂の色と区別がつきにくい状態でした。それほど気味が悪いとは思いませんでした。沖縄では昭和戦後でも風葬が行われていて、それ以前では村ごとに風葬地があって、遺体を「野ざらし」にする所もあったようです。辺境の村々は明治末年ころに廃村の憂き目に会い、住民は四散し、その風葬地も草木におおわれてしまいました。小生が目にしたのはそんな風葬地跡でした。忘れられた風葬地跡は、たとえば、石垣島あたりにもけっこうあるようです。

白骨化した遺体はそうでもないのですが、腐乱死体を目撃するのは避けたいものです。だいたい、臭気が耐え難いといいます。ところが、まだ実物にお目にかかったことはないのですが、欧州には自分の腐乱死体を模した像を棺の蓋にした墓があるのだそうです。何のために大金をかけてそんな「悪趣味な墓」を作ったのでしょうか。

これは「トランジ墓」というのだそうです。聞き慣れない言葉なので、英語の辞書を引いてみました。しかし、その筋の専門の辞典ではなかったからか、その項目はありませんでした。その後、墓に関する本を何冊かめくっているうちに、「トランジ」とはアルファベット表記では「transi(e)」で、「腐敗屍骸墓」とでも訳されるものであることを知りました。「トランジ」は古典ラテン語の「trans - ire」（「横切って行く」）にさかのぼるようです。「trans -」は「変化」を示す接頭辞、「ire」は「向かう」という意味の動詞です。中世フランス語では「死にゆく」「通り過ぎる」という意味でつかわれたそうです（キャスリーン・コーエン『死と墓のイコノロジー』小池寿子〔訳〕、平凡社、一九九四年、12頁）。また、接頭辞「trans -」の「変化」という意味から「人体の腐敗過程」の意味が引き出せそうです。

仏和辞典では「戦慄させる、ぞっとさせる」という意味の動詞「transir」から派生したとも説明されています。ちなみに、白水社の仏和大辞典の「transi, -ie」には「中世・ルネサンス時代の墓石の上の、うじ虫に食われて半ば骸骨《がいこつ》になった死者の裸体立像」の説明があります。ただし、立像とは限らず、横臥像も少なくありません。

死後、肉体が腐敗する姿を彫刻にして棺の上に載せた墓が「トランジ墓」ですが、何のためにそのような墓を作ったのか、釈然としませんでした。キリスト教圏では火葬は一般的ではなかったので、棺の中には腐敗する遺体が納められていますが、それと同じような像をわざわざ棺の上に置くのはなぜでしょうか。〈図①〉

こうした疑念を抱いているうちに、解剖学専攻の養老孟司氏の著作『骸骨考　イタリア・ポルトガル・フランスを歩く』（新潮社、二〇一六年）を手に取る機会があり、その第六章に「崩れゆく肉体を」という小見出しを見つけ、さっそく読んでみました。養老さんは欧州の納骨堂を巡り歩くというまことに結構な趣味の持主です。日本では「あすはわが身」、西洋では「メメント・モリ（死を忘れるな）」が警句として定着しているのですから、「死」の具体的な象徴でもある「納骨堂」を巡り、「死」について考えるのは教養人のたしなみでしょう。

養老氏の「崩れゆく肉体を」は、パリ郊外のサン・ドニ大聖堂を訪れたときに見たフランス歴代の王の墓について書いたエッ

〈図①〉15世紀初頭、仏、アヴィニョン、サン＝マルシャル聖堂旧蔵、枢機卿ジャン・ド・ラグランジュ（1402年没）のトランジ墓。墓碑銘に「哀れなる者よ、何故汝は驕り高ぶるや。やがて汝は我々のごとくならん。悪臭を放つ屍、蛆虫の餌食に。」
（キャスリーン・コーエン『死と墓のイコノロジー』小池寿子〔訳〕、21頁）

セイです。王の墓には「ジザン」(「ジサン」とも)と呼ばれる、「柩の蓋に置かれた本人の像」があって、初代国王(四六五頃—五一一)の棺の蓋がすでにジザン(横臥像)だったそうです。フランス・ルネサンス期の十六世紀に精緻な棺が作られ始め、ルイ十二世の場合、リアルに死体を模したものが蓋になっています。ただし、これは正確に死体を模した像で、白骨に移行していく腐敗屍骸墓(トランジ)ではありません。

「柩の蓋に死体を彫刻する例は、イギリスやスイスなど他の国にもある。ただし高位聖職者のものが多く、崩れゆく死体を示している。そこは日本の九相《くそう》詩《し》絵巻に似ている。骨が露出し、眼窩や肋骨から蛇やガマが這い出していたりする」と、養老氏は崩れゆく肉体を示すトランジが九相詩絵巻に類似する、と指摘します。トランジ像に蛇などの爬虫類を飾り付ける意図について、「こうした死体像に示される動物の存在は、死とともに原罪が抜け出すことを意味している」と、養老氏は考えます。九相図を観想することで、自らの不浄を認識し、不浄の肉身に執着することの愚を知るのが仏教の九相観の主旨でした。ここにトランジ墓と九相図の類似性が求められます。「観想」とは、心中に対象を想い描く修行で、俗世への執着から離脱し、罪障の滅却をめざします。遺骸を観想することで高慢を抑制する教えはフランチェスコ派の修道士によって中世後期にさかんに説教されたそうです(コーエン『前掲書』22頁)。

トランジ墓の発生は十四世紀末で、この頃は黒死病(ペスト)の猛威によって死が身近な存在となったことだけでなく、コーエン（『前掲書』９頁）によれば、「この時代に深く浸透していた不安感」がトランジ墓発生の大きな要因とされます。この不安感は、中世後期における世俗的な富と権力への執着と宗教的な禁欲理想との間に生じた矛盾に根差していたとされます。端的に言えば、「驕り」と「謙遜」の葛藤をやわらげる試みがトランジ墓だったようです。中世後期人のこのような葛藤は、たとえば、管轄の町に入城するさいにナポリ国王ド・ブルボンが哀れな身なりで、糞尿を入れる肥《こえ》桶《おけ》に運ばれてやってきたことにもみられます（『前掲書』36頁）。なお、トランジ墓は、コーエン（『前掲書』１０７頁）によれば、宗教改革後、プロテスタント・ドイツ諸国では消えていき、その他の国でも十八世紀には下火になりました。この背景には、墓を世俗的な記念碑とする発想と復活によって永遠の生命が保障されるという宗教感情が十六世紀以降顕著になったことが絡んでいるのでしょう（『前掲書』１０４頁）。

トランジ墓には原罪と結び付いた「不浄観」を基盤に作られた側面があり、それは九相図制作の意図と類似する、と考えられます。両者とも、浄化されて、浄土・天国に往くことが示されているわけでしょう。トランジについて、「こうした墓に入ることによって、俗世での自己を否定し、来世に備えたということになろう」と、養老氏は結語します。「悔悛と謙遜の象徴」「故人のための鎮魂の祈りを促し、生者に善行を勧める役割」がトランジ像に求められました（コーエン『前掲書』59頁）。

コーエン（『前掲書』39－40頁）によると、現存する最古のトランジ墓に百年も先行するのですが、十三世紀後半、ある婦人が自らの全裸の像を謙遜の念をもってさらした、との記録がありました。墓石の銘文から「罪の結果としての裸体はまた、復活への準備でもあった」という発想が読み取れます。また、十五世紀には、自分の肉体を無価値のものと卑下する傾向が強まり、たとえば、フランス国王シャルルは「蛆虫に食い尽くされるように生まれた」のだから、死肉を蛆虫に遺贈した、とされます（コーエン『前掲書』38頁。）〈図②〉

さらに、トランジ像が筵《むしろ》の上に横たわり、蛆虫に喰われている墓が数例みられ、これは悔悛を象徴するだけでなく、地面に敷いた筵に死者を置くことによって、人間を母なる大地とふたたび結び付けようとする古代の習慣を反映する、とコーエンは指摘します（『前掲書』40頁）。筵や薄縁《うすべり》の上に遺体をのせて放置する構図は、日本の「人道不浄相図」（鎌

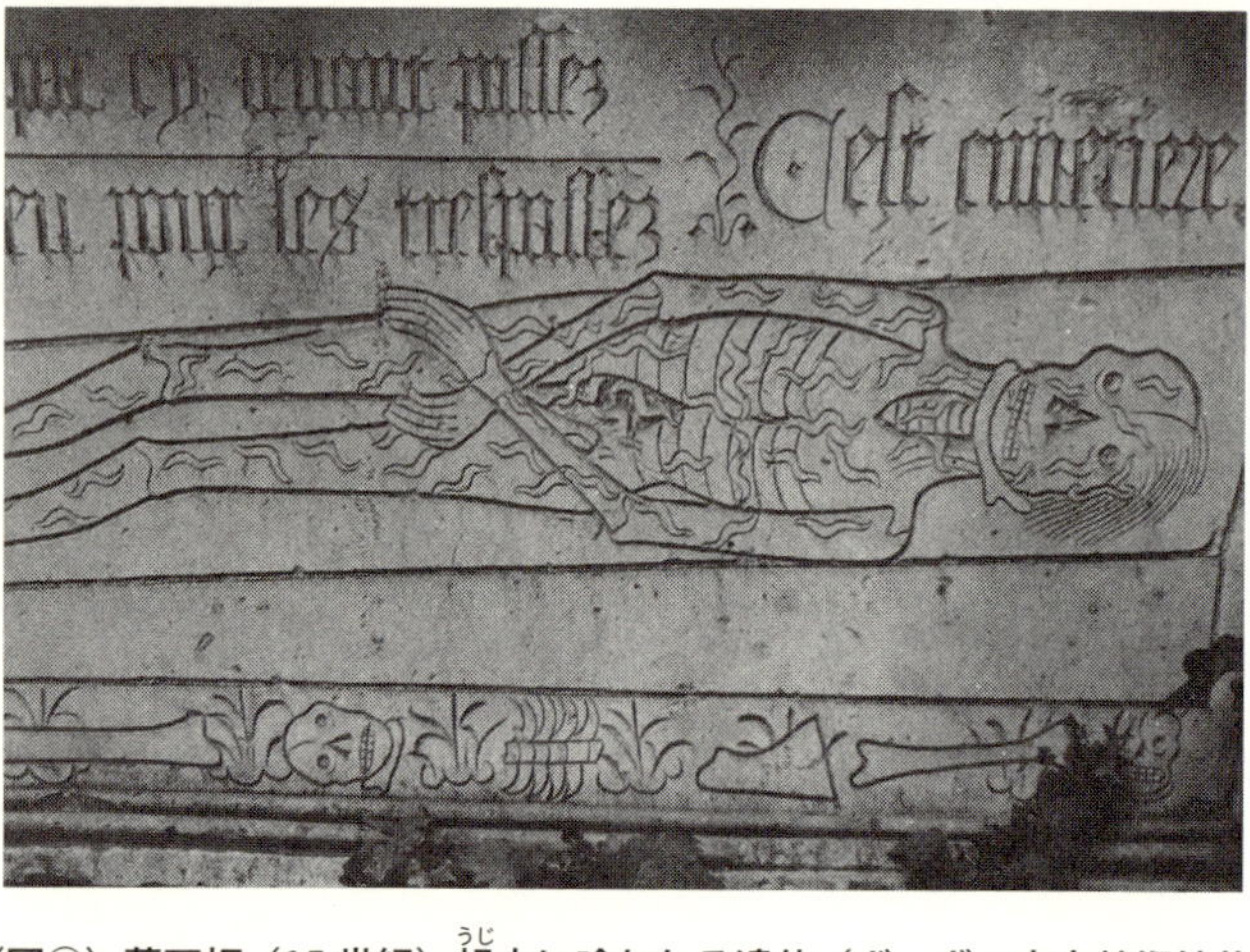

〈図②〉墓石板（15世紀）、蛆虫《うじ》に喰われる遺体（ボーヴェ市立美術館蔵）

倉時代)、「九相詩絵巻」(江戸時代、佛道寺本)にもみられます。この敷物の起源は風葬の遺棄死体の下に敷かれたもの、と五来重氏(『著作集』第11巻、265頁)は考えます。さらに、コーエン(『前掲書』7頁)は、北フランス、ブルゴーニュ、イングランド、ネーデルランドのトランジ墓で屍衣に包まれた像がみられる、と指摘しますが、日本でも「河渡り」という白布を死者にかける習俗がありました。これに類するのが「引き覆い」「野草衣」です。滅罪・悪霊鎮撫の意味があったとされます(拙著『臨終行儀の歴史』湘南社、二〇一七年、203頁)。〈図③〉

トランジ墓の建立目的は、日本の檀林《だんりん》皇后の逸話に類似します(本書第二章で述べます)。皇后は「われ死なば　焼な埋むな野に棄て　やせたる犬の腹を肥せよ」という歌を遺したとされます(無染居士『道歌 心の策《むち》』)。高貴な女性が野に遺骸をさらす説話は

〈図③〉ギョーム・ル・フランソワ(15世紀)のトランジ像。筵の上に横たわる(アラス市立美術館蔵)

近世に完成したものですが、禅宗を日本に伝えた皇后の功績は中世で語り継がれたそうです。檀林皇后を高く評価をしたのは夢窓疎石（一二七五－一三五一）でした。檀林皇后は、美麗な女性であることから、わが身の「原罪」を意識していた、と理解されます。

蛇や蛙がへばりついているトランジ像はスイスのラ・サラスの礼拝堂にある有力貴族の墓に典型的にみられるそうです（コーエン『前掲書』50頁）。〈図④〉

ドイツ文学の伝統では、蛇・蛙・蛆虫は悪と結び付き、爬虫類は罪の象徴、蛆虫も天罰の象徴とみなされています（『前掲書』51頁）。上記の貴族のトランジ像は、その顔に四匹の蛙が彫り込まれ、全身は蛇とか

〈図④〉スイス、ラ・サラス礼拝堂、フランソワ・ド・ラ・サラ（1363年頃、没）のトランジ墓。蛙・蛇・蛆などに覆われる。

大きな蛆虫に覆われています。墓碑建造年代は十四世紀末とみられます。コーエンは、蛇・蛙などが故人の身体から出てきた罪を表わし、「故人を原初の無垢の状態に戻すことによって、祈りの功徳を表わそうとした」（コーエン『前掲書』52頁）との解釈を採ります。

トランジ墓は十六世紀のフランス王家では世俗的な栄光を肯定的に表わす擬人像で飾られ、遺骸が塵芥に化すにしても、それはキリストとともに復活する前提と捉えられました。「死は、新たな栄光に満ちた生の成就への単なる必要段階である」と、復活願望の理念が強調されました（コーエン（『前掲書』99頁）。コーエンは、十五世紀のトランジ墓が「肉体の死」と「謙遜と悔悛」を強調し、十六世紀では復活によって「永遠の生への確信を与える墓像へと変容した」とします（１０４頁）。

このような変容は、日本の九相詩絵巻にもみられます。つまり、初期の九相図では不浄・無常観が強調されたものの、中世後期の絵巻では、風葬的な遺体の処理ではなく、きわめて人工的な墓塔への埋葬が描かれるようになります。さらに、「南無阿弥陀仏」を唱えることがすすめられます。江戸期では縁者による墓参・追善供養が描かれ、浄土世界へのまなざしが強くなります。かくして、時代が降るほど、不浄・無常観よりも、来世に故人を送る葬送儀礼の要素が加わります。室町時代の「九相詩絵巻」（東大本）の第九段「古墳相」にみられる絵相が人工色の濃い葬法の典型です（本書第二章**【伝空海・蘇東坡《そとうば》作「九想（相）詩」とその後】**参照）。

骸骨で装飾・内装された納骨堂は欧州に少なからずあります。養老孟司氏（『骸骨考』第二章「イタリア式納骨堂」）は、三千七百体の修道士の骨で飾られたローマの骸骨寺を訪れ、「かつてわれわれは、あなた方だった。あなた方はいずれ、われわれになるだろう」という墓碑銘を納骨堂の出入り口にみつけています。また、八千体の骸骨を地下に収めたローマの教会で「hodie mihi, cras tibi（今日は私に、明日はおまえに）」と書かれた札を骸骨が指さしている絵をみつけます。「今日は自分（＝骸骨）に死がもたらされた、明日はおまえに死がもたらされる」と、骸骨がうそぶいています。本書第一章以下でふれる浄土真宗の白骨観と通底する「無常」のモチーフが欧州の骸骨寺に書かれているわけです。要するに、「あすはわが身」がすべての生きものの宿命で、「死を忘れるな」を銘記せよ、となります。

トランジ墓に収まって悔悛し、来世に備えるにしても、死んであの世を見て来た人はいないので、天国・極楽浄土に往ける保証はありません。あの世があるのか、それともないのかを含めて、「死」は未知の領域です。それだけに、死期が近づく老年ともなれば、「あの世」のことが気になり、不安に駆られます。健康なときならば「死」について思い悩まなくてすむのですが、体調不良におちいると、とたんに「死ぬのではないか」と、こころ細くなります。これは親鸞の言葉でもあったようです（『歎異抄』第九条）。あげくに、「死」そのものが避けられないとしても、せめて「安楽死」はしたいものと、誰もが望みます。

さらに、人間の不安は際限もなく、死んだあとのことにも及びます。すなわち、どのように自分が葬られるのかが気になったりします。昨今では、墓石内に納骨される旧来のやり方だけでなく、樹木・散骨葬が関心を呼んでいます。また、遺骨が公営墓地や電車内に放置されたりする「事件」も起きています。遺体がそのまま野外に遺棄されることは現代ではまずありませんが、かつては遺棄死体が京都近郊にあふれていた時代がありました。鎌倉・室町時代までは日常的な風景でした。

中世ヨーロッパでは、黒死病（ペスト）で大半の住民が死に、墓掘りも死ぬか、故郷を捨てて逃亡したので、大穴に投げ捨てられた遺体が何層にも積み上げられ、その臭気は耐え難いものでした。人々は黒死病を恐れ、集団ヒステリーに陥り、鞭打ちの苦行で神の許しを請いました。疫病は罪深い人間への神の罰とみなされていました。裸の上半身を釘や針を仕込んだ鞭でいためつけ、血を流して行進し、神への謝罪をくりかえしました。十五世紀には「死の舞踏」の絵画モチーフが盛んに用いられ、死の象徴である骸骨が人間に近づき、地獄の輪舞に誘《いざな》っている状況が描かれています。「明日はわが身」を説いているのでしょう。ノーマン・F・カンター『黒死病』（久保儀明・楢崎靖人〔訳〕青土社、二〇〇二年）によれば、チェコ共和国の「聖人墓地教会」にはペストで死んだ犠牲者の遺骨を何千人分も収めた納骨堂があって、その骨を使った彫刻があります。「メメント・モリ（死を忘れるな）」を教訓として訴えたいのでしょうか。この納骨堂への探訪記は養老孟司氏『身体巡礼　ドイツ・オーストリア・チェコ編』（新潮社、二〇一四年）の第三章「ヨーロッパの骸骨」にみられます。養老氏は、骸骨堂が建てられたのは「メメント・モリ」の教訓のためだけでなく、欧州は土葬中心で、石灰岩地域では骨が溶けないで溜まってしまうので、骸骨堂を建てて骨を処理したのではないか、と推測します。日本では室町時代に飢饉で死亡した人の骨を使って地蔵菩薩が建立された記録があり（『看聞御記《かんもんぎょき》』応永二十九（一四二二）年九月六日条）、明治時代以降では骨仏《こつぼとけ》が度々作られ、礼拝の対象になっています（本書第四章の**【白骨を粉末にする】**参照）。

大正七（一九一八）年、スペイン風邪が世界的に流行し、音楽家・随筆家で知られた福田蘭童氏『わが釣魚伝』（二見書房、一九七六年）によれば、「何万人という東京人が死に、棺桶はなく、火葬場が満員、汲み取り屋さんがみんなインフルエンザにかかってしまったので便所も満員（抄出）」というような非常事態でした。さらに、突発的な大災害で、遺体の処理が間に合わず、仮埋葬せざるをえなかったことも記憶に新しいでしょう。何が起きるか分からないのはこの世の常です。独居老人の死体が腐乱状態で発見されることも最近では耳にするようになりました。心配し始めたら、際限もないことになります。どれほど巨大で壮麗な墳墓を築いても、やがて墓泥棒にあらされ、その廃墟がせいぜい観光の対象となるだけで、永遠の安住の地におさまり、生前の栄華を再現したいという被葬者の意図が生かされることはまずないでしょう。

かくして、生前だけでなく死後についても、不安や心配の種は尽きることはありません。そのような「苦」界から離脱するための修行が仏教で行われてきたわけですが、この世の「四苦八苦」は欲望の対象に執着する心から生じるので、その執着を滅却しなければならず、そのために、一つには、「九相観」の修行が行われました。死んでから骨になるまでの不浄な「九相」を胸に刻みつけることで、肉身への執着（おもに「婬欲」）から解脱することを目的にします。死体が腐敗する過程の「九相」を観想（瞑想）することで「不浄観」「無常観」を会得して、この世への執着を断ちます。この世を支配するのは諸行無常の理《ことわり》です。この世の物事は執着してもいずれは滅んでいきます。滅ぶものに執着するのは「苦」以外の何物でもありません。

この世の虚飾が一皮めくれば二目《ふため》と見られない醜悪なものであることを知らなければならないわけです。まず、この世について「不浄観」を会得し、この世に執着する心から離脱・解脱しなければ、浄土世界に入れません。執着する心が煩悩の源泉です。浄土とは一切の煩悩が滅却した清浄なところとされます。原始仏教では一つは九相観という自力《じりき》修行によって俗世への執着を断とうとしました。

「九相観」修行にかかわる経典・文芸、壁画・絵巻類は少なくありません。たとえば、敦煌出土文書、正倉院文書には、仏教の「四苦」（「生病老死」）を含め、死後、肉体が腐敗・白骨化する過程を題材にする「九相（想）観詩」があります。また、シルクロードの仏教遺跡に、僧侶が房室で白骨を観想する壁画や、部分的に「九相」を絵画化したものが少ないながら現存します。こうした壁画は修行者が房室で九相の観想にふけるための補助手段として利用されたと考えられます。

日本では、絵画としては、鎌倉時代の「人道不浄相図」「九相図巻」が初期のものとして知られています。前者は全十五幅の「六道絵」の一部で、九相図としては最初期、十三世紀後半の掛幅画とされます。後者は十四世紀前半の絵巻と推定されます。「九相図巻」は九相図絵巻としてはめずらしく、詞書《ことばがき》がないという特色があります。

九相図に描かれた不浄相はどれをとっても目をふさぎたくなるほど醜悪なものですが、九相をさらす本人は死んでいるので不快感・羞恥心に悩むことはありません。老人がおそれるのは、九相図に描かれている死後の凄惨な状態ではなく、むしろ、まだ命があるうちに「イビダレ」になってしまうことでしょう。脳血管の病気で大小便が垂れ流しとなる障害です。寝たきりになったあげく、自分自身の身体状態が耐え難く不快であるだけでなく、大小便の処理で家族に迷惑をかけてしまうことに精神的な負担を感じてしまいます。五年、十年もイビダレが続けば、タタミも腐り、異臭が部屋中にひろがります。「安楽死」ができればと願ってしまうほど深刻な悩みでしょう（ただし、昨今では、それ用に工夫されたオムツ下着が手に入り、不快感はかなり軽減されているようです）。「イビダレ」状態が長引くと、やがて本人の意識レベルが低下し、痴呆状態におちいったりします。しかし、いつまでも意識が清明で、苦しみに苦しみが重なるようになると、安楽死を痛切に望んでもおかしくない事態となります。「九相」は死んでいく人間にとってはまだ想像上の不浄ですが、「イビダレ」は現実の苦そのものとなります。

本書では、人道の苦相、不浄相、無常相をとくに仏教の立場で考えてみます。まず、序章で、「安楽死を祈願する」の項目を設け、「四苦八苦」のうちの「死苦」の導入部とします。死への不安、具体的には、「イビダレ」などへの恐怖が、生きている人間をいかに痛切に苦しめているのかを民俗例を通して提示します。「安楽死祈願」に参拝するのはたいてい老齢にさしかかってからで、敦煌出土文書の「九想観詩」では「衰老想」「病苦想」に、正倉院本では「老時」「病時」にあたるでしょう。ただし、「安楽死」はきわめて身勝手な願望であるだけに、民俗例にみられるように、寺社に参拝する老人の様子は少しばかり滑稽な印象を与えるものです。
なお、従来の九相図では、第一相は「新死相」と名付けられるのが普通で、死亡直後の姿が絵巻・掛幅に描かれますが、九州国立博物館蔵「九相図巻」(十四世紀前半)では、第一相「新死相」の前に「生前相」ともいうべき十二単衣で正装した女性の姿が描かれています。〈**図⑤**〉
本書序章の「安楽死を祈願する」は、「九相図巻」

〈図⑤〉「九相図巻」(九州国立博物館蔵)第一段「生前相」

にあてはめれば、巻首の「生前相」にあたり、不安に悩まされる人生の終末期の一断面を表わします。ただし、「九相図巻」の巻首に描かれる婦人は、老女ではなく、若い美女を描いたものと考えられます。妙齢の女性であっても寿命には抗いがたいことを示しているのでしょう。

第一章「風葬、樹木葬、散骨葬」では、古代・中世の葬送・墓制を読み解き、現代の樹木・散骨葬が当時の葬法の復活であることを論じ、無常観が主題となっている「白骨の御文章」の原形にふれます。蓮如の「白骨の御文章」が原始仏教にまでさかのぼる「不浄・無常観」に由来することを指摘します。第二章「白骨観の系譜」はシルクロード石窟壁画を起点に九相図の発達史を扱います。日本では鎌倉時代の「人道不浄相図」「九相図巻」が最初期の九相図で、室町から江戸時代にかけて九相図の制作が盛んになりました。大衆相手に絵解きが行われ、寺院経営に資したそうです。第三章は日本中世説話にみられる九相観の「変質」をさぐります。『日本霊異記《にほんりょういき》』『続本朝往生伝』『今昔物語集』『宝物集《ほうぶつしゅう》』『閑居友《かんきょのとも》』『発心集《ほっしんしゅう》』などの説話集を対象にします。第四章では「骨仏《こつぼとけ》」の造立などにともなう遺骨崇拝について考えます。本書全体を通して、不浄観、無常観（白骨観）に注目します。

無常観（白骨観）を表わした蓮如の「白骨の御文章」の「朝《あした》には紅顔《こうがん》ありて夕《ゆうべ》には白骨《はっこつ》となれる身《み》なり」は名文で、耳に残ります。実は、「白骨の御文章」の原形は蓮如以前の鎌倉期には成立していました。後鳥羽上皇が隠岐に流されたときに作った『無常講式』にその原形がみられます（本書第一章の**【「白骨の御文章」】**参照)。無常観を述べる文言に、『無常講式』は天台智顗『摩訶止観』巻四上を引用します。つまり、「白骨の御文章」の表現は六世紀末の『摩訶止観』にまでさかのぼれます。実は、後鳥羽上皇こそ怒りにまかせて親鸞らを流罪に処した張本人だったので、隠岐に流された上皇自身が栄枯盛衰・無常の理そのものを体現しているわけです。親鸞は浄土真宗の宗祖(鎌倉時代)、蓮如は第八代宗主(室町時代)で、本願寺教団の中興の祖とされます。

なお、地名は調査時のものとします。

序章　安楽死を祈願する――人道《にんどう》の苦相（生前相《せいぜんそう》）――

『完全自殺マニュアル』

昨今は平均寿命が八十歳をこえて、九十歳に及ぼうとしています。ですから、七十三歳の小生などはまだまだハナタレ小僧なのですが、肉体的に衰えてくると、すべからく物事にあまり執着しなくなる、という実感はあります。とくに物欲が衰えます。老い先短い身には物を持っていても荷厄介なだけですし、死んであの世に持って行けるわけでもありません。命に対する執着も年を取るにつれて一般に弱まるようです。重病にかかった場合、老人よりも、身心ともに苦痛がはなはだしいのは若者といわれます。生命力に富む若者ほど死に対して激しく抵抗するからでしょうか。老人ほどわりと楽に死ねるというのが生命力衰退のメリットとして挙げられのかもしれません。

ところが、五感が鈍くなるだけでなく、老人の常として、死期が確実に迫ってきているという感覚はいつもあります。また、老人性の「うつ病」で身体の異変に過敏となり、病気への恐怖心がたかまるということもあります。他方では、認知症のせいで、低レベルの欲望に歯止めがかからず、家族が困惑する事態も知られています。

ふつうは、不吉なこととして「死」にまつわることはなるべく遠ざけるのですが、年寄りが集まると「死」が格好の話題となります。とくに、「安楽死」が好まれます。笑顔を浮かべ、いかにも楽しげに話すのですが、やがて「安楽死」がそう簡単にはできないことが改めて確認されると、話が途切れてむなしい空気がながれます。老人ホームに入所している高齢者にとって、「安楽死」がもっとも好ましい願望で、もっとも忌まれるのは徒《いたずら》に長生きすることだそうです。世間では「ピンピン・コロリ」といわれる死に方が理想的なものと思われていますが、実際にはそのような死に方で人生を完結できる人はかなり少数です。たいていの人は死ぬ前に病床に横たわり、死の到来を待ちます。つまり、コロリとは往きません。突発死の代表である心筋梗塞にしても、致命的な発作が起こる前に、不吉な予兆で不安にかられる時期が先行するでしょう。心身共にまったく苦しまないで最後を迎えられる人は少ないはずです。余命がわずかになると、ひどい「だるさ」「頭痛」に見舞われるともいいます。糖尿病で入院していた友人は五十歳あまりで死にましたが、数日前から「だるい、だるい」と訴えていたそうです。身の置きどころのないだるさだったのでしょう。

苦しまないのは高度の修行によってそのような境地に達した高僧ぐらいでしょうか。残念ながら、どうも、高僧と評された人にしてもそうはいかないようです。書・禅画で高名な臨済宗の仙厓《せんがい》和尚（一八三七年没）にしても、「死にとうない」という末期の言葉を繰り返して死んだそうです。お釈迦様も、老化のせいで肉体的に衰えていたところに、食中毒にかかって下痢に苦しみ、疲れ切り、入滅しました。八十歳でした。

小生の場合、「安楽死」の情報が何か得られるかもしれないと期待して、このところ、鶴見済《わたる》氏の『完全自殺マニュアル』（太田出版、一九九三年）という本をトイレで読んだりしています。この本の帯には「18歳未満の方の購入はご遠慮ください」と赤字で大きく書かれています。ビニール本扱いのようです。出版されてから九年間で九十三版が発行されているので、かなり好評なのでしょう。多様な自殺方法について、「苦痛・手間・見苦しさ・迷惑・インパクト・致死度」などの評点をつけ、「首吊り以上に安楽で確実で、そして手軽に自殺できる手段はない」という結論を出しています。平成二十九年秋、神奈川県座間市のアパートで九人の遺骨が見つかった事件で、容疑者の二十代の青年は「首吊り士」と自称していたそうですが、この本を読んでいたのでしょうか。

『完全自殺マニュアル』によると、厚生省の一九九一年の統計では「首吊り」がもっとも人気があり、次に人気のある方法は「飛び降り」、その次が「薬物」だそうです。「薬物」の致死度は概して低く、クスリによって効果がばらばらで、しかも飲んだクスリを吐きだすリスクがつきまといます。首吊りの場合、一瞬で意識がなくなり、苦痛もなく手軽に死ねることから、「安楽死」の優良手段とみなせそうです。ただし、問題があるとすれば、首を吊った状態が無様《ぶざま》であることでしょう。

その点、次の方法は生前の様子とほとんど変わらないという利点があります。真夏、熱中症で年寄りが死んでいるのが発見される記事が新聞に出ていたりしますが、エアコンを使わず寝ていて熱中症になって死ねば、安楽死に近い死に方ではないか、と思ったりします。完遂率はかなり下がるのですが、意識不明におちいれば、手間や経費のかからない自殺方法ではないか、と思うのですが、どうでしょうか。ただし、どれほどの苦痛に見舞われるのかは不明です（「かなり苦しかった」と言う経験者がいます）。未遂に終わった場合、どのような後遺症が残るのかもわかりません。脳神経の損傷は回復しないそうです。『完全自殺マニュアル』にはこの方法はのっていません。確実に死ねる「致死度」が極端に低いからでしょう。

死に至るまで時間がかかる「餓死」については、食欲をかなりの期間抑える必要があり、精神力が要ることから安楽死の部類には入りません。上記のマニュアルによれば、水さえ飲まなければ一～二週間、水だけ飲めば三十～四十日で餓死するそうです。相当の不幸が重なり、重いウツ状態にでもならなければ餓死はなかなかできないというのが大方の見方でしょう。

江戸時代後期に、山形県は出羽三山の湯殿山で、即身仏になるために断食し、ミイラになった行人が少なからずいました。これは緩慢な自殺といえるもので、木食《もくじき》行という五穀・十穀を断つ修行は並の精神力では完遂できません。即身仏となった修行者は一世行人と呼ばれ、一生厳しい修行にあけくれたのですが、それが可能だったのは、「代受苦」の菩薩行によって衆生の苦しみを受けとめようと願っただけでなく、自身の不幸な生い立ちが木食行の推進力となったからでしょうか。湯殿山麓の大網地区に即身仏を安置する大日坊《だいにちぼう》・注連寺《ちゅうれんじ》があります。両寺は湯殿山の表口の寺院ですが、裏口の大日寺、本道寺には即身仏が祀られたことがないのが問題です。戸川安章氏（「出羽三山の行人について」『日本ミイラの研究』平凡社、一九九三年新装版、第三編第二章、２５０頁）は、ひとなみの生活を営むあてもない大日坊、注連寺の行人には即身仏になるほかに将来について希望がもてなかったのではないか、と推測しますが、それでも入定日が近づくと逃亡したり、塚をやぶったりした行人が何人かいたそうです。

以上の四か寺は明治以前は湯殿山の奥の院として栄えていましたが、裏口の二寺は廃寺となりました。〈図⑥〉〈図⑦〉〈図⑧〉

〈図⑥〉湯殿山表口・大日坊の即身仏・真如海上人

〈図⑦〉大日坊仁王堂のワラジ呪願

〈図⑧〉湯殿山裏口・旧本道寺境内の白骨
（平成 30 年 7 月に撮影）

比叡山や大峯山の「千日回峰行」はきびしい修行で知られています。回峰行を積み重ねた段階で、「四無行《しむぎょう》」という「断食、断水、不眠、不臥《が》」の「堂入り」行を九日間つづけなければなりません。浄衣という「死出装束」を着て、「生き葬式」をすませ、死ぬ覚悟をかためます。四無行に入って三日が過ぎたあたりから、死臭が出てくるのだそうです。生きて満行する確率は50％といわれます。自殺行にちかく、細胞が死滅していくので死臭がするのでしょう。回峰行は安楽死の対極にあるように思えますが、行者本人が死ぬことを覚悟して積極的に修行に挑み、結果として命を縮めた場合、本人は死の瀬戸際で安楽死を意識したのかもしれません。

木谷《こたに》恭介氏の「断食安楽死」

ところで、ここに面白い本があります。『死にたい老人』（幻冬舎、二〇一一年）です。奇書といえるでしょう。著者は推理作家の木谷恭介氏（一九二七―二〇一二）。出版は二〇一一年九月。八十四歳でした。生きられるだけ生きてきたという感覚があって、思い残すこともなく、断食で、枯れるように死んで行こう、と決意したそうです。「食欲を含めて、あらゆる欲望が希薄になっていた…これ以上、生に執着することがあるのか」とは木谷氏八十歳の所感です。この頃から、「断食安楽死」を三年後には実行して、人生をお開きにする計画が頭をもたげてきたようです。死の直前ではなく、それよりもはやく、気力がまだ残っている段階で、「自死」を決断したわけです。しかも、「断食」をすれば死の苦しみが減らせるのではないか、つまり「安楽死」ができるのではないか、という期待もいだいていました。木谷氏はこの自殺を「断食安楽死」と名付け、人生の総決算としました。

『死にたい老人』は「断食安楽死」の記録となるべきものでした。「ゆっくりとからだからエネルギーを落として行き、おだやかな自死をとげよう」と願ったのですが、実態は安楽死ではなく、かなりの苦痛をともなう行でした。木谷氏の言う「安楽死」は、「命をのばすためだけに治療をする『延命治療』に対置する」もので、積極的な延命治療を拒否し、自然に任せて死ぬのを待つ死に方です。延命治療の代表的なものは人工呼吸器、心臓マッサージ、人口透析、昇圧剤投与などです。しかし、断食そのものには積極的に生命をそぎ落とす不自然な働きがあるので、「断食安楽死」でおだやかに自死できるとは思えません。多少とも、生きたいという本能的な欲求が残っていれば、断食死には苦痛がともないます。「断食」と「安楽死」は両立しにくいでしょう。ただし、積極的に断食に挑めば飢渇の苦しみは避けられませんが、臨終期になると、喉もかわかず、腹もへらず、断食で苦痛どころか、脳内にエンドルフィンという快楽物質が分泌されるのだそうです。末期《まつご》では「断食安楽死」が可能でしょうが、そこまで行くのが大変です。

なお、木谷氏が「断食安楽死」を望んだ背景として、木食行によって即身仏となる考えに惹きつけられたことがあります。五穀・十穀を断ち、身体から脂肪分を落としてミイラとなった行人は出羽三山の中の湯殿山麓の寺院に江戸時代後期に集中的にみられます。この時代は飢饉が頻発し、即身仏となって民衆の苦しみを救済しようとする行人が庄内地方に現れたようです。

木食行は古くは中国の神仙思想にその起源が求められるとの説がみられます（松本昭「湯殿山系一世行人とその木食行について」『日本ミイラの研究』平凡社、一九六九年、第三編第三章、274－277頁）。極度の身体的なストレスが超能力・霊感を生み出し、超能力を持つとされる行人は祈祷師として高く評価されました。また、湯殿山系の寺院が真言宗であったことから、密教の即身成仏思想がミイラ仏を生み出したともいえます。空海自身も即身成仏したとされ、湯殿山のミイラもこれにならったものとされます。とくに、注連寺の鉄門海上人は霊験があらたかで、東北から関東にかけてその徳行を讃える碑がひろく建てられています。

木谷氏自身、湯殿山麓の注連寺を訪れています。四十歳ぐらいの旅行ライターをしていた頃で、注連寺から草ぼうぼうの旧道を歩いて湯殿山に向かっています。明治六年の記録では、湯殿山参詣人約一万人が注連寺、大日坊方面から登拝し、うち二千人が両寺に止宿したそうです（松本昭『日本のミイラ仏』臨川書店、一九九三年、57頁）。また、現在の注連寺は明治二十一年の火災の後に再建されたものですが、盛時には庫裏に一度に何百人もの参拝人を宿泊させたそうです（『前掲書』23頁、38頁）。〈図⑨〉

言うまでもないのですが、木食行は誰にでもできるわけではありません。ところが、生まれつき木食行に向いている人間もいるようです。今では、小説『火宅の人』の作者としてよりも、女優・檀ふみさんの父君と言った方が通りがよいのですが、無頼派の作家・檀一雄は「青春放浪記」（初出、『読売新聞』昭和三十六年十一月二十二日〜十二月四日）で自らが神仙であったと告白しています――「山から山をかけ渡って、どこへでもほしいままに野宿をした。カエデの樹液を吸わぶり、マツの葉、木の実を食って、二日も三日も山野を彷徨していたこともある」。また、「不思議なデビュー」（初出不詳）でも、「まるで克己の荒行の僧が炎熱の中をアテもなく彷徨している姿に似ていた…メシも喰わず、水も飲まず、炎天のヒデリを六里十里と歩行することを自分に命じ…山裾を狂乱のように歩きつめていた日々のことをおぼえている」と、木食行の荒行法師めいた旧制中学時代を回想して

〈図⑨〉湯殿山表口・注連寺本堂
（即身仏・鉄門海上人を安置、森敦『月山』の舞台）

います。「どんな毒草の味をも噛みしめ」(「母の手」、初出『知性』昭和十八年)、腹痛が激しいときには、よもぎの葉をむしり、山蔭の清水を飲み、カエデの樹液を吸うと、いつのまにか快癒した、と言います。

檀さんは生まれつき強健で、並外れたオーラの持主だったのですが、還暦ころから体調不良におちいり、一か月ほど九州の断食道場に入っています。具合は回復せず、翌年、博多湾の島に移住。二年後、検査により肺がんが発見されました。愛煙家でした。昭和五十一年死去。享年六十三歳。

島くらしを決意するにあたり、「私は、自分から食を断ち、ヒボシになって、ミイラになってしまうような気は、サラサラ無い」(「島流し」初出、『夕刊フジ』昭和四十九年七月三十一日)と、体調不良のさなか、人生の総決算に挑む気持ちをもらしています。ここで言う「ミイラ」とは即身仏ではなく、世間と没交渉となり、経済的な枯渇状境におちいることのようです。ただし、自分の寿命を考えると、喰うことなどに構っていられず、ボヤボヤせずに「老残の詩魂を確立してみたい」とも言います。作家魂がミイラ化を許さなかったようです(作品の引用・年譜は長野秀樹〔編著〕『逢う、花に。——檀一雄作品集——』〈花書院、一九九六年〉、および檀一雄『太宰と安居』〈沖積舎、一九八九年〉によります)。

木谷氏の断食記録は苦痛の連続で彩られます。氏は、二度、断食死に挑戦しました。最初は二〇一一年二月十五日から三十八日間でした。空腹との戦いというよりも、胃痛に悩まされる日々でした。木谷氏には虚血性心不全の持病があり、心臓薬を飲まねばならないのですが、断食で胃が空になっているので、薬物の影響で耐え難い胃痛にみまわれたのです。薬をやめれば、心不全の発作が起こる危惧があります。木谷氏はこれまで何度か心不全で入院しています。そんなことにでもなれば、せっかく始めた断食行の記録を中断せざるを得なくなります。他方では、すきっ腹で心臓薬を飲み続ければ胃潰瘍・腹膜炎になりかねません。胃の粘膜を保護する胃腸薬を服用しても、胃痛は避けられなかったようです。

断食三十八日目（三月二十四日）、いよいよ胃痛に耐えかねて、「ここは一度、撤収し、そう遠くない時期に再度、挑戦しよう」と覚悟を決めたのですが、木谷氏自身の感覚では餓死まであと二十日ほどはかかりそうでした。断食をやめて、夜中の排尿が四～五回だったのが一回ですむようになり、茶褐色の小便が無色透明になるという変化がみとめられました。回峰行の行者も「四無行」などで茶褐色の小便を出しています。修行では、かなりの負担が身体にかかったのでしょう。三十八日目に木谷氏の体重は開始日の五十キログラムから四十三キログラムに減少。なお、断食中、水は飲みたいだけ飲んでいます。

二度目の断食は一か月後の四月二十六日に開始。倦怠感、体力の衰退、平衡感覚の失調が前回よりも早く起きています。九日目（五月四日）に、刺すような激痛が胃に走り、あわてて牛乳と食パン半切れを口に入れたところ、胃痛は治まりました。断食を続行すれば、胃潰瘍から腹膜炎に進行しかねません。断食は中止せざるをえませんでした。なお、胃潰瘍の薬をずっと飲んでいたのに、断食を始めて三日目から胃が痛み出したのは不可解とのことでした。木谷氏は「断食死」に対する恐怖心から無意識に胃が痛むことを望み、「逃げ道」を用意していたのではないか、と推測します。

木谷氏は楽観的な性格で、苦痛を「いい体験」と思うところがあるのだそうです。断食死に挑むさいにも、断食行に入るには「悟り」が必要で、「人間は理性では自殺できない」という友人の言葉が本当であるかどうか確かめたい気持ちでいたのだそうです。「悟り」とは積極的な死ぬ覚悟でしょう。木谷氏は「それにしても、死ぬことの難しさよ」との感慨をもらしました。『完全自殺マニュアル』(56頁)に、「服毒したうえ切腹したが死に切れず、線路で電車を待ったがこれもダメで、しかたなく崖《がけ》から飛び降りたがそれでも死ねず、ついに崖を這《は》い上がって松の木で首吊りした」という、多彩な自殺行為を重ねてやっと死ねた例が紹介されています。死ぬときが来なければ、いくら死のうとしても死ねないのでしょう。もっとも、著者・鶴見済氏の意図は、死ぬことの難しさよりも、首吊りが安楽・確実・手軽な自殺手段であることを伝えることでした。

小生には「断食安楽死」を行う気力も勇気もありませんが、睡眠薬の服用で死ねるのであれば、弱虫の自分にも実行可能のように思われます。森のなかで意識不明となって人知れず絶命できれば申し分ありません。確実に死ねるとしても、首吊りのような「派手」な自殺方法は避けたいものです。ただし、どちらの自殺方法でも、遺体を綺麗な状態で残したいものです。腐乱死体で発見されるのは嫌です。見つける方も気分が悪いでしょう。

そもそも、木谷氏のように、自殺を決意しても、完遂できない場合があり、自殺方法によっては、みじめな結果を嘆くことになります。ただし、「断食」の場合、その致死率は高くはないのですが、後遺症に苦しみ、多額の賠償金を要求されることはまずないでしょう。

自殺ができるかどうかは自分の意志ではどうにもならないこともあります。生きたいとどれほど願っていても、あっけなく死ぬこともあれば、どれほど死にたくても死ねないこともあります。死にたくても死ねないこと以上に苦しいことはないかもしれません。死にたいと思うこと自体、苦ですが、その苦をくるしむ時間がどれほど長くなるのか分からないからです。老人ホームで喧嘩騒動が起きると、憎まれ口に「あんたなんかそう簡単に死ねない！」と、ののしるのだそうです。

なお、自殺を罪悪とする見方がありますが、答えの出ない問題でしょう。自殺する自由は人間にのみ許された究極の権利と小生には思えます。それに、自殺するのには、たいてい、それなりの他人にはうかがい知れない苦しい理由があります。自殺者を責めるだけでは何の意味もありません。自殺を非難・否定するよりは、むしろ、安楽で確実な自殺方法を探求する方に意味があるといえます。人間、何時《いつ》、いかなる時に、生きることに耐えられなくなる程の苦痛にみまわれるのか、予測できないからです。その時に備えておけば、後顧の憂いなく、生きられると思うのですが、どうでしょうか。理想的な自殺方法がみつかる保証はありませんが、いつ死ぬかもしれない身《み》であるという覚悟が少しはできるでしょう。もしかして、残された命を積極的に生きる気持ちが湧いてくるのかもしれません。

安楽死の民俗

安楽死には積極的なものと、消極的なものがあるそうです。塩化カリウムや筋弛緩剤を投与して瀕死の患者をすみやかに「楽にする」のが積極的安楽死ですが、このように病人の死期を早める処置は法律にふれ、殺人罪に問われかねません。人工透析や人工呼吸器を施し、強心剤を注入するなどの延命治療をやめて、患者にはせいぜい鎮静剤を投与して心穏やかに最期が迎えられるようにするのが消極的安楽死だそうです。こうした処置は医療関係者だけが「合法的」に行えます。

ところが、かつては宗教者が安楽死祈願を行っていました。日本中世浄土教の臨終行儀は、とどのつまり、安楽死のための儀式でした（第一章の**【法然、親鸞の死生観】**参照）。医療水準が低かった頃は、重病にかかれば加持祈祷に頼って安楽死を願うしかなかったのです。なかなか死にきれずに苦しんでいる病人をなんとか早く楽にさせたいと願う場合、神仏に祈願するしかありませんでした。さらに、すぐに死なないまでも、再起の難しい病気にかかり、病床で大小便を失禁することを誰もが恐れます。このような状態を東北地方では「イビダレ」といいます。「イビダレ」にならないように、理想的には「ピンピンコロリ」で死ぬことを神仏に祈願する信仰は全国にひろがっています。このような民俗例を集めたものに木村博氏の論文「「安楽死」の願い—社会問題—」（『死—仏教と民俗』、名著出版、一九八九年）、「「安楽死」をめぐる民俗」（『葬送墓制研究集成』第二巻所収、名著出版、一九七九年）があります。木村氏は、東は秋田県から西は愛媛県まで、安楽死信仰の民俗例を収集しています。以下、木村氏の収集した民俗例を中心に安楽死信仰を紹介します。

●秋田県湯沢市の長谷寺境内にある「コロリ地蔵」は、昭和四十三年の『北海道新聞』によると、六十歳以上の老人がさかんに団体参拝し、コロリと往生させてくれと祈願するのだそうです。ただし、木村氏が参拝したときには閑散として誰も見当たらなかったそうです。団体参拝の姿がみられなかったのは農閑期でなかったからだろう、と木村氏は推測します。ここの石の地蔵は全く粗末なお堂におさめられていたそうです。

●山形県山形市長谷堂の如意輪観音は「コロリ観音」と呼ばれ、「コロリ観音に三度詣でれば、人知れず安楽死できる」と信じる参拝者がけっこう見られたとのことです。「人間の命は露がころりと落ちるようにはかないので、せいぜい努め励んでこの観音にすがり立派に生きよ」と、由来書にあって、そこから「コロリ観音」の名称が定着し、「安楽死」信仰と結び付いたそうです。また、ここの「安楽死」はやや贅沢なもので、突然にコロリと死ぬのはさみしいので、せめて病んでから一週間か一か月でコロリと往きたいという願いが成就されたとの話があります。ただし、ここの観音様は、途中で寄り道すると御利益が、失われてしまう、ともいわれます。なお、ここの水を飲むと余計に御利益があるとの信仰もあるそうです。

●「コロリ薬師」は山形県米沢市関根より一里ほどの、西城戸の西斜面にある薬師堂の本尊で、通常は関根の普門院に置くのだそうです。西城戸は「石木戸」とも「錦戸」とも書かれるようです。「錦戸薬師堂縁起」には「特に伊達地方にてコロリ薬師様と称す」とあり、毎月八日に例祭。県外からの参詣者の七割は福島県で、県内は置賜郡地方が多いそうです。錦堂（石木堂）のお薬師様から水を汲んできて病人に飲ませると苦しまずにコロッと死ねる、との伝承があります。その水は錦堂の道路に流れる清水で、健康な者も盛んに参りますが、「俺が死ぬ時はお水貰ってこいよ」と言われて来たり、病人の苦しみ方がひどく、余りにみじめなので来たなど、参詣者の抱えている事情は様々だそうです。

●山形県米沢市の幸徳院の地蔵堂に土製の千体地蔵があり、「イビダレ地蔵」ともいわれ、中風除けになるという信仰の対象です。中央の本尊は二尺ほどの木製釈迦像で、もとは裏の山手にかつてあった釈迦堂の本尊だったらしいとのことです。ひどい中風になったら、楽に死ねるように、コロッとやってほしい、と祈願します。春秋の二回の縁日に大勢が参拝するそうです。

●山形県下には、かつて重要な繊維素材であった青麻《あおさ》を祀る「青麻権現《あおそ》」の信仰がいくつかの地点でみられます。庶民が祈願するのは「中風除け」が目的だそうです。東置賜郡高畠町の亀岡に青麻神社があり、中風除けの大神として崇められています。他に山形県内で、熊野大社（南陽市宮内）の石段の途中に摂社が勧請されているのを木村氏は見たとのことです。新庄市鳥越八幡の境内でも立派な摂社が建てられていたそうです。両者とも「中風除け」として信仰されていたとのこと。青麻信仰は仙台領にもあり、東北地方南部にひろがっているそうです。福島県会津野沢で、青麻を信仰し、イワシを断っている老婆に出会ったとのこと。イワシ断ちが中風除けになるとの信仰と混合しているのでしょうか。なお、武蔵坊弁慶が仙台領の青麻に詣でて中気が治ったとの伝承があるそうです。

●福島県猪苗代湖北の「中田の観音」は「抱きつきの観音」と呼ばれます。この観音には一度抱きつくごとに一日分寿命が延びる御利益があるのだそうです。遠方の子どもが親の死に目に会えるようにと、寿命を数日延したいと願って三度抱きついた老婆がいたそうです。かつては東京に出ている子供が帰ってくるのに三日はかかりました。親は子供の顔を見られたことから、安心して息を引き取れます。これは一種の「安楽死」といえます。会津地方の女性は、この願望を果たすために、「中田の観音」に参って祈願したといいます。

●東京新宿区ですが、江戸川橋をわたって矢来の方に行った所にある宗柏寺にあらたかな御利益をいただけるという「牛込のお釈迦様」が安置されています。寺の縁起書には「安楽死」についてまったく記されていないのですが、安楽死ができるという「一粒護符」がこの寺で手に入れられると信じられているのだそうです。木村氏は板橋の故H・Tさんからこの護符のことを知らされていました。住職にその「安楽死」護符のことを木村氏がたずねたところ、住職は一向に話してくれなかったとのこと、木村氏を警戒したからではないか、とは木村氏の推測です。境内にはお百度参りをしている女性など、真剣な面持ちで参拝する女性たちが見られたそうです。なお、寺の方は護符を「すぐ死ねる護符」とは言わないのですが、女性たちは「すぐ死ねるように」と願っているようだったそうです。

●静岡県の足柄山聖天堂にも安楽死信仰があるとのことです。ここの縁起書に「下《しも》」の心配を不要とする信仰が書かれています。聖天堂の由来書によれば、小田原在の老婆が長らく病床に臥し、「下」の世話を受けるのは耐え難い、そこで日頃信仰する聖天尊の功徳を願い、「腰のもの」を堂主に差出したところ、堂主は誦経して腰のものに印綬を書きしるし、老婆はその腰のものをまとって安楽死したとのことでした。堂主は念力を込めて護法の品を里人に分け与えました。これが「下」の安穏の由来です。木村氏の調査の頃は、越中フンドシと腰巻を配布していたそうです。埼玉県秩父市横瀬のある臨済宗の寺では、祈祷済みのズロース、猿股（トランクス）を販売していました（平成三十年十月まで）。時代によって祈祷する下着に変遷があるわけです。

●静岡県天城湯ヶ島町市山《いちやま》の明徳寺の烏芻沙摩明王《うすさまみょうおう》は「チョーツバの神さん」と呼ばれ、下の世話にならないですむ信仰で知られています。この明王は不浄を清浄に変える徳があるとされ、禅宗寺院の便所で祀られます。また、手洗い、便所を「ちょうずば」ということから、「チョウズバの神さん」の異名ができたのでしょう。この信仰は伊豆地方にひろがっているだけでなく、全国的にも知られているようです。明徳寺は禅宗です。寺の縁起書に、「おさすり」と「おまたぎ」には健康・幸福の御利益が期待できるとあります。とくに、「下」の世話にならない御利益を目当てに参詣する人たちでごったがえしているそうです。「おさすり」では男根状の三尺の石棒をさすり、「おまたぎ」は大便器をまたぎますが、そのさいに「下の世話にならないように」という願いを込めるとのこと。「安楽死」信仰につながります。足柄山聖天堂と同じく、ここでも祈祷ずみのフンドシや腰巻が求められるのだそうです。

●なお、木村氏が、昭和四十七年の毎日新聞の記事にあったと報告しているのですが、香川県高松市で、「保久利大権現」と彫り込まれた自然石の御神体があり、ポックリ信仰の対象となっているそうです。発音が似ているので、「保久利」が「ポックリ」とあやまって解釈されたのでしょうか。下の迷惑をかけずにポックリ死ねると参拝者が驚くほど大勢集まるようになった、とのことです。

●京都市東山区泉涌寺にある即成院は、その寺院縁起に「即成院と那須与一」という項があり、与一の石造宝塔の墓がこの寺の裏手にあって、とくに中年以上の女性が参拝に訪れます。「与一さんにお参りすると、年をとっても下の世話にならずに済む」という御利益が目当てだそうです。

那須与一は栃木県に生まれ、屋島の合戦でたてた戦功で、備中などに所領を得たのですが、上洛して即成院に参籠、入道し、小庵を結び仏道にはげんだそうです。しかし、その後、三十四歳で病没。那須与一と「下の信仰」が結びつく理由は縁起書では分からないのですが、墓守の老婆から聞いた話では、与一が死ぬときに、よほど下の世話がかかったとみえ、「自分一代でこの病気をなくすように自分は守護神になる」と言い残したとのこと。また、この寺では「床ずれ」の護符が売られ、布団の下に敷いておくと床ずれしないそうです。この護符も「安楽死」信仰につながる、と考えられます。

神戸市須磨区妙法寺町にも那須与一の墓があります。その縁起書でも、病を得て、仏道に入り、箱根から大津、伏見をめぐり、大和の長谷寺を参拝、北向き八幡神社に参籠し報恩謝徳にあけくれたのですが、病が日々に重くなりました。村人の看護をうけたものの、むなしく死ぬことになり、臨終で「自分が死んだ後、諸人がこのような難病に侵されないように守護する」と、言い残したところ、村人は念仏講を与一講と改め、命日の七日を縁日としたそうです。ここには「安楽死」につながることは書かれていないのですが、墓守の老婆の話では、「下の世話にならなくてすむ」と信じられていて、御神体は墓で、肌着（腰巻など）を持ってお参りする、という話を木村氏は聞いたそうです。

五来重氏（『著作集』第八巻、法蔵館、二〇〇九年、90頁）によれば、即成院の那須与一供養塔は平安末期の石造宝塔で、その堂守の庵はお参りの老人に自由に開放されているそうです。五来氏は、この供養塔が那須与一よりも古く、もともと即成院の旧地にあったのが、泉湧寺境内に移転したときに同時に移された「逆修《ぎゃくしゅ》の石塔」である、と指摘し、その古記録を紹介しています。五来氏は、与一の「安楽死」信仰は平安時代にまで遡る即成院の練供養《ねりくよう》に由来すると考えます（『前掲書』91－94頁）。練供養は、生きているうちに一度死んだことにして再生する「擬死再生」（逆修）儀礼とされます。再生することで病気が治り、長寿が約束されます。厄年の人が練供養に参加するのはそのためとされます。この寺には二十五菩薩坐像があって、その半分は平安末のもので、那須与一以前からあったとします。この菩薩像は「二十五菩薩練供養すなわち迎講（来迎会）をおこなう本尊」（91頁）であった、と五来氏は推測します。

五来氏による練供養の解釈では、この世にあたる娑婆堂から、橋を渡って、あの世にあたる阿弥陀堂（浄土堂、曼荼羅堂）に入り、往生の儀式をすませてから、娑婆堂に戻ることで、擬死再生儀礼が完成します。那須与一の供養塔は擬死再生儀礼を意味する「逆修の石塔」で、与一は、元は、即成院二十五菩薩の信者だったと考えられるのだそうです。逆修の練供養の行事が行われたときに起立されたのが「逆修の供養塔」であろうと、五来氏は判断します。生前から死後の菩提を祈るのが逆修《ぎゃくしゅ》で、預修《よしゅ》ともいいます。現在の練供養・迎講は死者の往生を願うものですが、以前は生きた人の健康・長寿・安楽死を願うものでした。なお、那須与一の墓と伝えられるのは、他に、岡山県井原市の法靈寺にもあるとのこと。

●愛媛県や岡山県に、彼岸に安楽死を願う民俗があったことが報告されていますが、岡山市小串に、彼岸の社日にサラシを買い、腰巻を縫って七回洗うなど、特異な処理をして寝床に敷くと、その功徳で「寝間でのしくじり」をしないという信仰がみられたそうです。その人が死ぬと、その「お腰」を巻いてやるとのこと。各地の安楽死信仰で、腰巻が重要な「法具」とされます。

●奈良県北葛城郡の阿日寺《あにちじ》は源信僧都の生誕地と伝えられます。この寺が安楽死信仰と結び付いたのは、源信の母親が当時としては長寿で生涯を終えただけでなく、最後まで他人に「下の世話」をかけずにポックリ往生したからと伝えられているからです。源信の命日には参拝の人たちのために「浄衣祈願」が行われるそうです。

●奈良県生駒郡斑鳩町小吉田の吉田寺《きちでんじ》は「ポックリ寺」として有名です。「腰巻きのお寺」とも呼ばれ、法要の当日には持ち込まれた下着が本尊前にうず高く積まれるとのこと。寺の案内文には、御本尊前で祈祷を受ければ、腰シモ、スソの病気や世話にかからず、無病息災・延年天寿を保てる、とあります。「清水山《しみずさん》の腰巻祈祷」は当寺だけに伝わる秘法で、毎日祈祷を受け付けており、必ず三回以上受ければ、御利益は確実、とも書かれています。なお、この寺では「お香水《こうずい》」という功徳に富んだ水や安産・無病息災のお札を分けています。この「お香水」が「清水山」の山号の由来だそうです。さらに、本尊の光背にある「千体仏」はそのどれかが死んだ人の顔に似ていて、故人に会えると信じられるなど、庶民信仰のデパートのような寺といえそうです。

以上、安楽死信仰にかかわる寺院・神社を木村博氏の論文に基づいて紹介してきました。安楽死祈願の寺院の中には、そのような信仰を売り物にしていることに後ろめたさを感じているような寺があります。安楽死の祈祷を隠したがり、「安楽死の護符」とはいわずに、「病気なおしの護符」として売りつけたりします。他方では、奈良の吉田寺のように「安楽死」を大っぴらに宣伝するところもあります。加持祈祷を派手に行い、下着や護符、便器などの小道具を使って、参拝者を惹きつけます。結果、余暇を楽しむ団体参拝でおおいににぎわいます。

ところが、「保久利大権現」のように、素朴な庶民信仰に留まるところもあります。ここでは自然石が粗末なトタン屋根の小屋に祀られていました。木村博氏によれば、秋田県湯沢市の「コロリ地蔵」と同じく、ここも参拝者が急増しているとのことでした。高齢者がふえる社会変化にともなってのことでしょうか。しかし、祈願の功徳はむしろひっそりと信仰されているところで期待できそうです。たとえば、京都貴船神社の丑《うし》の刻詣《こくまい》りには、その姿が人目に触れないように、また、誰にも本心をさとられないように行動しなければならない、等の作法があるそうです。他人を恨んで報復を祈願するのには後ろめたい所があり、できれば人知れずに行いたいという心情を、そうした作法は反映するのでしょう。

安楽死の集団祈願

なかなか死ねない病人のために安楽死を願って近所の人が集まって読経を行う集団祈願の民俗もみられました。病気が重くなると、枕元で「千巻経」を読んで安楽死を祈願します。『般若心経』を千遍も唱えて安楽死を祈願するのですが、一人で読むのは大変で、十人なら一人百遍唱えます（千巻心経）。千巻読経の間に寿命が尽きて安楽死するのだそうです。こうした民俗は全国的にみられました。五来重氏（『著作集』第十二巻、法蔵館、二〇〇九年、140頁）によると、かつて高野山内で聞いたことがあり、瀕死の病人のいる家から「心経の声がきこえはじめると、もうあの人も駄目だなと近所の人もおもった」そうです。岸和田市、貝塚地方、堺市などの大阪周辺でも、近所の人が集まり、みんなで「千巻心経」を読んで、もう助かりそうもなく苦しんでいる病人をあの世におくった、と報告されています。

安楽死を願う場合、集まった人たちにうしろめたい気持ちがまったくないとは言えないでしょう。大阪府堺市別所地方では、千巻心経を集まって読むさいに、安楽死を祈るとは言わず、病気の快癒を祈るとします（原泰根「大阪府の葬送・墓制」『近畿の葬送・墓制』所収、明玄書房、一九七九年）。なお、国立歴史民俗博物館資料調査報告書9『死・葬送・墓制資料集成』東日本編2（国立歴史民俗博物館、一九九九年、865頁）に、「安楽死」ではないのですが、病気平癒を共同で祈願する「千度詣り」

の民俗が報告されています（名古屋市守山区などの尾張東部）。東加茂郡旭町では、近親者で千巻経を唱え終わると、ただちに回復するのか、成仏するのか、どちらかになると言いました（伊東宏「愛知県の葬送・墓制」『南中部の葬送・墓制』所収、明玄書房、一九七九年）。「千度」という回数の多さが読経の功徳を増やす、と信じられています。これに類するのに「お百度詣り」があります。

数量の多さが功徳を増すという信仰は長野県北信濃小川村の「一升念仏」という変わった安楽死儀礼にみられます（箱山貴太郎「長野県の葬送・墓制」『南中部の葬送・墓制』所収、明玄書房、一九七九年）。臨終で病人が苦しみだすと、一升マスを豆で満たし、縁者が一粒ずつ取りながら「南無阿弥陀仏」と唱え、その豆がなくなると、病人は楽になるのだそうです。豆は後で長野の善光寺に持って行って鳩にやります。

読経で安楽死させる

愛知県に、僧侶の読経によって安楽死させる話があります（伊東宏「前掲論文」）。豊川市平尾町では、危篤の時、病人を楽にするために『大般若経』をあげて欲しいと寺に頼みに行ったそうです。また、豊川市のある僧は「生き返る人の場合は、お経が楽に読める」と言っていたそうです。なお、日蓮宗で、延命の祈祷がうまくいかない場合は、数珠の糸が切れたり、修法師《しゅほっし》の体調が悪くなるなど、祈祷に支障が出るとも言われているそうです。

木村博氏（『前掲書』87頁）によれば、小田原市久野の人から聞いた話で、病人がひどく苦しんでいるとき、旦那寺の和尚に頼んで、お経の功徳で安楽死させた、といいます。『大般若経』の「理趣分《りしゅぶん》」を読んでもらうのです。木村氏が曹洞宗の住職だった同地の友人にたずねてみたら、「実はそのような頼みを再三うけたことがある」とのことで、あとで分かったことですが、小田原あたりだけでなく、伊豆松崎や埼玉県あたりにもこのような習俗があったそうです。『大般若経』の「理趣分」に「安楽死」の功徳が期待されるのは、この経典の読誦を聞くものは一切の罪障が消滅し、地獄に堕ちないと書かれているからでしょう（『岩波仏教辞典』第二版、理趣経）。

安楽死・死水《しにみず》・望み水

「安楽死」が「死水《しにみず》」（末期の水）と結び付く民俗はすでに紹介した山形県米沢市の「コロリ薬師」などにみられます。この信仰には「望み水」が重なることもあります。人が死にかけると、どこそこの水が飲みたいと言いだします。そうなると、死期が近いという話がよく聞かれます（木村博『前掲書』6―14頁）。

鹿児島県奄美地方では死水が安楽死と見事に結びつく民俗がみられます。病人の苦痛が甚だしく、回復の見込みがない場合、近親協議のうえ、先祖の位牌の前で「何々を早くあの世にお連れ下さい」と唱え、病人には「もうご先祖のところに行かれたらどうですか」と告げ、水を少し飲ませると、五分もしないで息を引き取るのだそうです（恵原義盛「奄美の葬送・墓制」『沖縄・奄美の葬送・墓制』所収、明玄書房、一九七九年）。奄美ではこれをミジトリ（水取り）と呼びます。また、愛知県の曹洞宗の寺では、「理趣分」を寺であげてもらい、供えた水を分けてもらって飲ませると安楽死できるのだそうです（伊東宏「前掲論文」）。

死水を飲むと、喉に詰まらせたりして、絶命してしまうことがあるようですが、山口県川上村江舟では、末期の水を飲むか飲まないかで、生死を判断したそうで、この民俗には「ヨビモドシ」のように蘇生を期待する意味もあった、と伊藤彰氏は指摘します（「山口県の葬送・墓制」『中国の葬送・墓制』所収、明玄書房、一九七九年）。臨終のときにその人の体内から遊離した魂をよびもどして、生き返らせる呪術を、「ヨビモドシ」、「呼び返し」ともいいます。沖縄県那覇市当間では、脈を診てから、口に三回水をふくませて喉もとに落ちない時に死が確認されました（名嘉真宜勝「沖縄県の葬送・墓制」『沖縄・奄美の葬送・墓制』所収、明玄書房、一九七九年）。安楽死を願って「願ほどき」をする民俗については、拙著『日本の葬送儀礼』湘南社、二〇一二年、I十を参照（「願ほどき」とは、生前に立てた願がはたされない場合、安楽死を妨げるとして、これを「ほどく」呪術です）。

これまでに紹介した「安楽死」儀礼は民俗として定着したものですが、家族レベルで行われた安楽死祈願が、国立歴史民俗博物館資料調査報告書9『死・葬送・墓制資料集成』東日本編2（583頁）にみられます（山梨県富士吉田市）。臨終の老婆（八十七歳）に向かって孫たちが「お婆早く楽んなれ」

と、呼びかけたそうです。老婆は老衰にちかい自然死で、「枯れ木が朽ちる」ように死んだそうです。とくに苦しむことはなかったようですが、長く床に臥せていたのでしょう（死亡年は昭和三十八年）。どのみち助からないのであれば、早く楽になってほしい、というのが孫たちの思いだったのでしょう。

まとめ――思うようには死ねない――

いずれにしても、この世は思いどおりには行かない。それならば、せめて死ぬときには苦しまずに往きたい。あの世のことは、お釈迦様にも答えが出ず、「分からない」そうだ（原始仏典「マールンキヤ小経」）。浄土往生という究極の願望はひとまず措くとして、せめて安楽死ができれば、と願う人は少なくないでしょう。

仏教では修行の目的は「苦」の克服であるはずです。ですから、死後の世界のことなど、答えの出ない問題に思い煩うことは避け、苦を克服する実践に日々はげむべきである、というのが釈迦の基本的な考えです。その実践徳目とは、「正見《しょうけん》」「正思惟《しょうしゆい》」「正語《しょうご》」「正業《しょうごう》」「正命《しょうみょう》」「正精進《しょうしょうじん》」「正《しょう》念《ねん》」「正定《しょうじょう》」の八正道《はっしょうどう》で、苦を克服する正しい要件とされます。「八正道」は原始仏典『諦分別経』『大四十経』などで説明され、いずれも極端な苦行に偏しない修行ではあるのですが、実践するのは至難でしょう。

たいていの人間は、怠け者です。たいした修行でなくても、気が進みません。長期間にわたる修行であればなおさらです。「八正道」は日常的に行わなければ身につかない修行です。「苦」を克服したければ、我慢強く修行を続けることが肝要です。自己を律し、努力して修業にはげみ、問題の解決に挑む必要があります。だが、凡人にはそれができません。そこで、とりあえず、問題が起きた時には、自己の力でなく、神秘的な力に頼るようになります。つまり、自分の労力を省いて、代わりに、神仏にすがったり、祈祷を仕事にする「拝み屋さん」「行者さん」のもとに駆け込んだりします。「安楽死」祈願が繁昌する所以《ゆえん》です。鵜飼秀徳氏(『「霊魂」を探して』角川書店、二〇一八年、199―200頁)の調査によると、調査時(二〇一六年)、「霊媒師・拝み屋」に代表されるシャーマンが近くに居ると答えた僧侶はほぼ30%になるのだそうです(調査対象の僧侶者数1335人、有効回答802人)。地域差があり、都会ではやや少ない(22%)という調査結果が出ています。また、琉球列島ではとくにシャーマンが多いとされます。とにかく、30%という数字はシャーマンに対する需要が現代でも根強いことを示します。

超自然的な存在に訴えかけない宗教はありません。シャーマンについては超自然的な存在との関わりが濃厚です。日本仏教は宗派によってその程度に濃淡があります。山岳宗教が仏教と習合した修験道がシャーマン的な色彩を帯びているのは当然ですが、祈祷を積極的に行うのは密教系宗派で、僧がシャーマン的役割を演じます。密教と山岳宗教は密教伝来の初期から習合しました。しかし、現代では、仏教寺院としては呪術を表看板にはしないようです。最近(二〇一八年七月)、湯殿山の大日坊にミイラ仏を拝観に行ったところ（拝観料は五百円）、参拝者はひとまとめに坐らされ、住職がお浄めのお祓いをしました。長い棒の先端に白い幣を束ねて、参拝者の頭上で左右に振ることで、お浄めの儀式が済みます。大日坊は密教系の真言宗の寺であることから、このような祈祷をするのですが、祈祷をする住職は仏僧の法衣を身にまとい、みかけは僧侶そのものです。

祈祷に冷淡なのは浄土門の宗派のうち浄土真宗です。僧が法力をもつことを否定し、除霊・お祓い・占い・霊視などはしません。禅宗系や浄土宗は浄土真宗と密教系寺院の中間に位置するでしょう。だいたい、世襲の僧侶は、儀式や説教ができても、シャーマン的霊力がないのが普通です。「拝み屋さん」は、当たらないという評判が立てば、まったく商売になりません。客足が遠のき、じきに地域から消えていく厳しさがあります。「拝み屋さん」は地域の個人商店で、往来の片隅に出店をかまえることもあります。「寺院」は、規模は色々ですが、本社（本山）の系列下にある支店で、墓所という経営基盤があり、住職にシャーマン的霊力がなくてもやっていけます。

なお、古代・中世では、官僧寺院は「穢れ」を嫌い、葬儀をしたがらず、墓も寺域には建てませんでした。官僧の仕事は国家・有力者の繁栄を祈願し、祈祷することでした。やがて、墓所の仕事を専らにする「墓寺《はかでら》」（聖寺・葬式寺）が下部に付属し、その住職でも「聖僧《ひじり》」とみなされ、晴れがましい法会への出仕は止められたそうです。十六世紀の大仏供養にその事例がみられます（勝田至『日本中世の墓と葬送』吉川弘文館、二〇〇六年、256頁）。「聖僧」は半僧・半俗の出家者とみなされ、中世後期ではとくに評価が低かったようです。

応仁の乱以後、延暦寺、醍醐寺、東大寺などの祈願寺は荘園・所領を失い、明治維新の廃仏毀釈でさらに深刻な打撃を受けました。松尾剛次氏（『葬式仏教の誕生』平凡社新書、二〇一一年、１５９頁）によれば、こうした「官僧の伝統を引く寺ではつい最近まで葬送を行わなかった」そうですが、中には、経済的な問題に迫られて葬儀関係の仕事をするようになった寺もあるのでしょう。その場合、墓寺との差が目立たなくなります。寺院は儀式・祈祷よりも葬祭が本業となり、「拝み屋さん」との違いが大きくなりました。街のシャーマンは民間の巫者《ふ》（市子《いちこ》）で、神社などに付属する巫女《みこ》（神子《みこ》）から分かれたと考えられます。後者の神子が古く、古代の耶馬台国の卑弥呼がその典型とされます。神子は、律令制が崩壊すると、仕事場を失い、民間に流れて「市子」となり、その一部が「拝み屋さん」と呼ばれました。現在、神社の巫女（神子）には霊力がないのが普通で、「拝み屋」とは区別されます。

琉球列島の民間シャーマンである「ユタ」は霊力を持つとされます。これに対し、世襲の神職「ノロ」は地域の公的な祭祀者で、口寄せなどの巫術はしないなど、沖縄の「ノロ」と本土の巫女は似た側面があります。シャーマンの典型は民間の「拝み屋さん」で、寺院とのすみわけができています。

祈祷・祈願では、一時しのぎにはなっても、根本的に不安を取り除くことはできないのですが、老齢期に入ると、「イビダレ」が現実に迫ってきて、不安がつのるので、なんとかこれを避けられればと願って神仏に参拝し、シャーマンの門を叩くのも無理からぬことでしょう。その際、霊力のあるシャーマンを訪ねることが肝心です。おみくじを売る神社の巫女はそのようなシャーマンではありません。

『死にたい老人』（木谷恭介・著）という実録エッセイは奇書に入ります。断食をして安楽死するのがテーマです。木谷氏は「断食安楽死」に二度挑戦し、断念しました。そもそも「断食」と「安楽死」は両立しがたいという問題があります。完遂の容易さの点で、「断食」は他の自殺方法（首吊り・飛び降りなど）に格段に劣ります。木谷氏は「死ぬことの難しさ」を痛感したそうです。その木谷氏も出版の翌年に八十五歳で死にました。死因は心不全。なにも苦労して断食に挑戦しなくても、じきに死ねたのですが、死期を知るのは難しいのでしょう。

自力で死のうとしても果たせず、祈祷しても不安の一時しのぎにしかならないのであるとすれば、何を頼ればいいのでしょうか。はたして、この世に頼るべきものがあるのでしょうか。この世が「諸行無常」とすれば、すべてが早晩滅んでいくのですから、頼るべきものが何もないのは当然ということになります。「安楽死祈願」はそのような理《ことわり》を無視する、身勝手な願望を象徴するものでしょう。たとえ神仏にどれだけ祈願しても、安楽死が保証されることはありません。

ただし、次に紹介する中世人の往生譚は、突発的な回心《えしん》（信仰への開眼）にともない、宗教的な高揚感のうちに絶命した話で、西方浄土へ向かって突き進み、めでたく「安楽死」しています（『今昔物語集』巻第十九第十四話、鴨長明『発心集』巻第三第四話)。宗教的な情熱に駆られれば、無学で修業を積んでいない乱暴者でも「安楽死」が遂げられるという話です。また、この男の口の中に蓮の花が咲いていたという奇瑞譚はめったにない出来事であることを示しています。現代風に解釈すると、死期が近づいていることに気付かずに出奔し、幻聴を真に受け、にわかに絶命したことになるのでしょうか。めでたい往生譚ですが、史実ではなく説話です。

讃岐の源大夫《げんだいふ》は冷酷な乱暴者で皆にきらわれていた。あるとき、狩りの帰り、浄土教の説教をたまたま聞き、にわかに発心し、袈裟衣を譲り受け、強引に剃髪させて、法師になり、そこから西に向かい、金鼓《こんぐ》をたたきながら「南無阿弥陀仏」と唱え続けた。何日か過ぎ、ある山寺の僧に出会い、ひたすら西に向かうことしか考えていない、と語った。その山寺の僧は源大夫の様子をいぶかり、後を追ったところ、海際の岩に坐って「阿弥陀様の声がきこえる。七日過ぎたらまた来て、自分がどのようになっているか見届けてもらいたい」と、語った。七日後、源大夫は同じところで、西に向かい、合掌し、眠るごとくに絶命していた。口より青い蓮華が生えていた。亡骸《なきがら》は、本人が風葬を望んでいたのかも知れず、埋葬せずに鳥獣に喰らわせたらよかろう、と山寺の僧は思った。

右記の源大夫はひたすら浄土往生だけを願って死んだので、余計な事には一切気を使うことなく絶命しましたが、普通の人間は死に方が気になるのは勿論、死んだ後にどのように葬られるかについても、気を使います。死後のことについては、遺言で指示する他はないのですが、遺族が遺言をそのまま実行するとは限りません。質素な葬儀を指示しても、盛大な葬儀が行われることもありえます。死後の事を含めて、とかく思い通りにはならないのが人生で、煩悩の苦しみは際限もありません。

第一章では、古来の死生観を一変させて、死の不安を受け入れようとした親鸞の「遺棄葬」の遺言を採りあげます。親鸞を宗祖とする浄土真宗には、墓石を建てず、遺骨の大部分を小川に投棄する「無墓制《むぼせい》」（無石塔制）が昭和戦後にも残りました。また、墓石の代わりに樹木を植える「無墓制」もみられました。こうした「無墓制」は樹木・散骨葬につながります。古代・中世では、庶民の葬法が「野ざらし」の風葬だったらしく、白骨が野に散らばる原風景が「無墓制」の究極的なルーツであったようです。その白骨が無常観修行の媒体であったこと、などにふれます。

第一章　風葬、樹木葬、散骨葬

法然、親鸞の死生観

　安楽死は見はてぬ夢のようです。安楽死が贅沢な願望であることは、予期せぬときにガンを告知された人の気持ちを想像してみれば、分かるような気がします。頭が真っ白になって、呆然となったことでしょう。命が危機的状態にあると知らされれば、とにかく命さえあればと願います。恐らく、安楽死は二の次となります。ただし、早晩、死ぬことが避けられないと覚悟すれば、せめて安楽死はしたいものと願うでしょう。

　七十五歳を超えた後期高齢者ともなれば、一つや二つは持病をかかえているので、身体にちょっとした不調を覚えたときですら、いよいよお迎えが近くなったのか、と不安に見舞われます。「死ぬのはやむを得ないが、安楽死はしたいもの」と、ポックリ寺に参る主流は後期高齢者でしょう。ただし、不安感が切迫している場合は、団体参拝に加わることはなく、人には知られないようにこっそりと祈願に訪れるでしょう。とても物見遊山の気分にはなれません。

浄土真宗の開祖・親鸞（一一七三―一二六二）は強健な体質だったようで、九十歳の長寿を保ち、重い病気にはかからず、死因は、多分、老衰でした。その親鸞は、「いささか所労のこともあれば、死なんずるやらんとこころぼそくおぼゆる…」（〔大意〕すこしでも病気のことがあれば、死ぬのではないかと心細く思われてくる…）という所感をもらしたとされます（『歎異抄』第九条）。ただし、死に対する根源的な不安をなくすことはできませんが、信仰の力によって、死の不安を受け入れたようです。『歎異抄』第九条のつづきに、「このような心細い不安を覚え、浄土往生が決定しているのにそれを喜べないのは煩悩のせいであるのだが、むしろ煩悩が盛んであるからこそ、如来は自分を憐れんで下さるのだ」と、如来の救いの対象は煩悩に苦しむわが身であるとします。修行を重ね、煩悩を滅却することで仏に近づく道をとらず、如来の本願にひたすら帰依すれば、煩悩を断たず悟りの世界に入れるとするのが親鸞の信仰でした。「本願」とは如来が立てた「凡夫救済の願い」です。

文応元（一二六〇）年十一月十三日付の書簡（親鸞八十八歳）で、「なによりも、去年《こぞ》・今年《ことし》、老《ろう》少《しょう》男女《なんにょ》おほくのひとびとの、死《し》にあひて候《そうろ》ふらんことこそ、あはれに候《そうろ》へ。ただし生死無常《しょうじむじょう》のことわり、くはしく如来《にょらい》の説《と》きおかせおはしまして候《そうろ》ふうへは、おどろきおぼしめすべからず候《そうろ》ふ」（〔大意〕なによりも、去年・今年と多くの老少男女が死にあったこと、悲しく思います。ただし、生死無常の道理は釈尊がくわしく説きおいてくだされたことなので、驚いてはいけません）と、生死無常の摂理をわきまえていれば、あらためて動揺することはない、と書いています（『末灯鈔』6）。「生死無常（流転）」とは六道（天、人、修羅、畜生、餓鬼、地獄）を死んでは生き返る流転輪廻をいいます。「生死無常」をわきまえる親鸞であれば、死なずにすむように祈願したり、ポックリ寺に参ったりすることはなかったでしょう。

親鸞の師・法然も「いのるによりてやまひもやみ、いのちものふる事あらは、たれかは一人としてやみしぬる人あらん」（大意）祈れば病気が治り、延命できるならば、病み死ぬ者は誰ひとりいない）と、『浄土宗略抄』（『和語燈録』所収）で述べています。つまり、法然・親鸞は、呪術的な祈祷によって困難を乗り越えようとはせず、阿弥陀仏の本願に我が身を委ねる他力信仰を説きました。親鸞にとって、阿弥陀仏の本願とは「自然法爾《じねんほうに》」、すなわち、人間の計らいを超越した「宇宙の摂理」でした。本願とは「宇宙の摂理」の慈悲の働き、つまり、煩悩に苦しむ人々を救済しようとする働きです。

法然（一一三三―一二一二）は十三歳で比叡山にのぼり、天台僧として修行を積みました。ところが、当時の比叡山延暦寺は天台浄土教を定着させた源信（九四二―一〇一七）の学風は失われ、「名聞利《みょうもんり》養《よう》」（名誉・経済的利益の追求）にあけくれていました。持戒堅固の清僧だった法然は延暦寺を離れ、念仏をもっぱら称えることで浄土に往生する信仰に帰依します。比叡山の浄土教は念仏だけでなく諸々の修行を実践する「諸行往生」に重きを置いていました。法然にも「諸行往生」の傾向がないわけではなく、法皇・貴族のために治病を兼ねた授戒を再三行っていますが、「如来の本願」に信を置くのが法然の浄土教の特徴で、それを徹底させたのが親鸞です（拙著『臨終行儀の歴史』第三章、湘南社、二〇一七年）。

源信に代表される天台浄土教は「臨終正念」のうちに様々な臨終行儀を執行し、仏菩薩の来迎を期します。「臨終正念」とは臨終のさいに一心不乱に念仏することですが、法然は臨終の人がこの臨終正念を完遂することにそれほど重きを置きませんでした。人は思わぬ死に方をするもので、臨終行儀を整える余裕もない場合もあるので、普段から本願を信じて念仏を唱えることを法然は勧めます（『法然上人行状絵図』巻第二十三第一段）。また、「臨終正念」については、三月十四日付の書簡「大胡太郎實秀《おおごのたろうさねひで》へつかはす御返事」（『和語燈録』）に、「〔大意〕仏の本願を信じて念仏を唱えている人には仏が来迎して、臨終正念を保証するので、そのような人の臨終の様相が悪いことはない、よって臨終の準備をしいてする必要もない」と、述べています。

天台浄土教では、浄土に往生するには臨終行儀を整えなければならない、とされますが、その代表的な行儀が「糸引き作法」です。類感（模倣）呪術ともいうべき作法で、「類似は類似の結果を生む」という発想に基づきます。如来像の指から細長い紐を垂らして病者の指に結び付け、仏の来迎による浄土往生を演出しますが、日本では、天台座主・延昌（八八〇－九六四）の臨終で初めて行なわれたといわれます。法然が臨終時にこの「糸引き作法」を弟子に勧められたとき、「これは大方の人のする儀式で、必ずしもそのようなことはしなくてよい」と、拒絶しました(『法然上人臨終行儀』『西方指南抄』中本、所収)。

法然は、天台浄土教の影響がぬぐいきれないことから、「内《ない》専修」「外《げ》天台」と評価されます。つまり、内面の信仰は「専修念仏」ですが、外側の振舞いは「諸行往生の天台僧」ということです。法然は慈覚大師・円仁の九条袈裟を掛けて臨終を迎えています。これは浄土往生には浄衣をまとうことが望まれるという伝統につながります。また、法然は「観想念仏」によって浄土の様相をみることが出来たとも伝えられます。ところが、親鸞には臨終行儀らしきことは「頭北面西右脇」のほかは何もみられず、簡素そのものでした(覚如『御伝鈔』下、第六段)。専修念仏者の臨終そのものでしょう。親鸞には一切の人間の計らいを超越した宇宙の摂理(如来)に身をまかせること以外には眼中にありませんでした。「安楽死」にしても如来の意志で決定されることで、人間の願望で左右されることはないはず、と考えていました。

寿命がくれば誰もが死にます。また、高価なブランド品から日用品に至るまで、あらゆるものが、いつか流行遅れとなり、使用期限がくれば、見向きもされずに捨てられたりします。これは日常生活でふつうに経験することで、仏教用語で「諸行無常」といわれ、仏陀が発見した法則です。「この世の作られたものはすべて一定不変であることはない」と解釈されます。さきに、親鸞の書簡(『末灯鈔』6)を引用しましたが、ここでは親鸞は輪廻の世界を迷う「生死無常」に言及しました。「生死無常」も「諸行無常」の中に含まれるでしょう。ただし、「諸行無常」「生死無常」から目をそらせて生きるのが普通の人間の実態です。たとえば、身体の不調にともない、「あすはどうなるか分からない」といった不安に見舞われますが、不調が回復すれば、「諸行無常」の世界に生きていることを忘れてしまいます。

「諸行無常」の法則から目をそらせている限り、死の不安に対処する根本的な解決策はみつかりません。「安楽死」の民俗にみたように、呪術・祈祷に頼るとしても、一時的な気休めになるだけです。呪術は表面が仏教色で飾られていても、その本体は仏教の本質からはなれています。理に合わない欲望を充足させる方に向かう宗教は仏教というよりは現世利益を願う民間信仰に入るでしょう。祈祷によって自分に都合の良い死に方を願うのは仏教の筋道からはずれます。「死」および「死に方」が人間の計《はか》らいの及ぶところでないことは、先に紹介した『死にたい老人』の著者・木谷恭介氏が述懐しています――「それにしても、死ぬことの難しさよ」。同時に、「死の縁は無量なり」という法語もあります。「いつ死んでも不思議はない」という意味です。「生死」の法則は人間の願望を斟酌しません。

人間の根本的な悩みを解決しようとするのが宗教の本来の目的です。ただし、呪術に頼る部分が多ければ、自己責任が問われなくなり、欲望充足に歯止めが効きにくくなります。それに、「安楽死」祈願にみられるように、御神水を飲み、呪符を拝受し、呪文を唱え、神仏に祈願するだけですむならば、話がうますぎます（「呪術」を定義するのは難しいのですが、呪術と宗教の違いは当事者に自らを省みる心があるかどうかによると考えられます）。原始仏教は呪術色が薄い、といえるでしょう。

人生最大の悩みである「死」の問題に仏教がどのように対処したかを考えるにあたり、原始仏教がこの世を「苦」の世界と捉えていることを出発点とします。「苦」とは何でしょうか。「苦」が生まれるとすれば、その源は何でしょうか。仏教では「苦」を思い通りにならないこと、都合のよいように運ばないこと、と捉えます。たいていの人間にとって、死はもっとも不都合な出来事ですが、不都合と思うのは人間の心です。死に直面したとして、心が不都合と思わなければ、死といえども「苦」とはならないでしょう。すなわち、「苦」は人間の心が引き起こすもの、と考えられます。

本書序章ですでにふれましたが、「苦」について述べている経典に原始仏典『諦分別経《たいふんべつきょう》』などがあって、「四聖諦《ししょうたい》」（四つの真理）と「八正道」を説明します。この世が四苦八苦の世界であることを知り（苦諦《くたい》）、その苦の原因となるのが執着する心で（集諦《じったい》）、修行を重ねることでそれを克服し（道諦《どうたい》）、心の平安が得られる（滅諦《めったい》）、というのが「四聖諦」です。「四聖諦」のほかに、仏教の基本的な教理を要約した「四法印」（「諸行無常《しょぎょうむじょう》」「諸法無我《しょほうむが》」「一切皆苦《いっさいかいく》」「涅槃寂静《ねはんじゃくじょう》」）について、原始仏典の『蛇喩経』などに説明があります。この世のことはすべて苦であるとする「一切皆苦」が四法印のなかで説明されます。「諸行無常」は「因縁」、「諸法無我」は「空」、「涅槃寂静」は「解脱」と置き換えられます。無常の世にあって、実体のないものに執着することで、この世の「苦」が生じることを知るのが「解脱」につながるわけです。

『平家物語』の冒頭にみられる「諸行無常」は多くの日本人が知っている仏教の基本概念です。ただし、「苦」の原因が「諸行無常」であるとする見方は誤りと考えられるでしょう。「諸行無常」は「あらゆる現象は絶え間なく移り変わり、はかない」という意味ですが、そのような無常観からこの世の苦の原因を説明するのは難しいでしょう。たとえば、命がいつか失われるのは「諸行無常」から明らかですが、命に執着しなければ、苦とはならないでしょう。「諸行無常」は人間の心が作り出したものではなく、釈尊が発見した宇宙の真理ですが、「苦」の源泉は人間の執着心、ひいては執着から生じる「煩悩」です。なお、この世のことはすべて苦であるとする「一切皆苦」は大袈裟な見方ではありません。好ましいこと、楽しいことは確かに起きますが、それらは「苦」そのものではないにしても、「苦」の種になります。好ましいことであればあるほど、人はそれに執着し、失われることに不安を覚えるからです。

苦の代表である「生・病・老・死」の四苦にしても、健康でいたい、老いたくない、死にたくない、という執着心から生じるものでしょう。なお、「生」の苦しみについては、解釈が分かれますが、誕生するさいの肉体的な苦しみというよりは、とかくままならないこの世に生まれる苦しみと解釈できるでしょう。この四苦に、「怨憎会苦《おんぞうえく》」（いやな奴に出あわなければならない苦）、「求不得苦《ぐふとくく》」（求めても得られない苦しみ）、五陰盛苦《ごおんじょうく》／五取蘊苦《ごしゅうんく》（肉体とそれをよりどころとする感覚器官・精神作用の働きによって生じる苦しみ）、「愛別離苦《あいべつりく》」（愛する者と別れる苦しみ）が加わり、八苦となります。その中でも、厳しい苦しみが「老少不定《ろうしょうふじょう》」で、たとえば父母に先だって死ぬ、逆縁の死に方です。

「白骨の御文章」

浄土真宗第八祖・蓮如の「白骨の御文章」（第五帖第一六通）は真宗門徒の葬儀でよく拝読されます。本来は火葬場から帰宅し、遺骨を仏前に安置してつとめる勤行ですが、昨今は葬儀の最後に唱えられることが多くなっています。この御文章でも「老少不定」がこの世の代表的な苦しみとしてあげられます――「されば人間のはかなきことは老少不定のさかひ（境界）なれば…」（大意）このように人間は頼りない老少不定の境遇にあるので）。当人はすでに白骨となっているので、悲歎に暮れるのは遺族です。諸行無常の世界にいることがこの「還骨勤行」によって痛感させられます。「白骨の御文章」の一節を紹介します――「われや先《さき》、人《ひと》や先《さき》、今日《きょう》ともしらず、明日《あす》ともしらず、おくれさきだつ人《ひと》はもとのしづくすゑの露《つゆ》よりもしげしといへり。されば朝《あした》には紅顔《こうがん》ありて夕《ゆうべ》には白骨《はっこつ》となれる身《み》なり」（大意）自分が先か、人が先か、今日とも明日ともしれず、草木の根元に落ちるしずく、葉の末にやどる露のように、前後は知れないが、多くの人が絶え間なく死んでいく、と言われます。我々は朝には元気な顔であっても、夕方には白骨となってしまうような身です）。御文章の冒頭「おほよそはかなきものは…」から、「…しげしといへり」までの部分は隠岐に流された後鳥羽上皇（一一八〇一二三九）が書いた『無常講式』にみられるもので、それを存覚（一二九〇―一三七三）が文和五（一三五六）年に『存覚法語』で引用しました。存覚は親鸞の曾孫である覚如の長男で、学識が深く、著作も多かったのですが、父子関係が悪く、何度か義絶されました。蓮如の「白骨の御文章」は後鳥羽上皇を始め存覚などの文言を土台に作成されたことになります。簡にして要を得た名文です。なお、存覚『存覚法語』には苦・不浄・無常の三輪にからんで「九相」への言及がみられます（本書第二章の**【『存覚法語』の不浄観と「白骨の御文章」の無常観】**参照）。「三輪」とは人間が厭うべきものの代表となる三種です。

「白骨の御文章」と同じく、世の無常を述べる法語として、法然が聖覚《せいかく》（一一六七―一二三五）に書かせたとされる『登山状《とざんじょう》』が知られ、今でも浄土宗の葬儀で拝読されます。両者は無常を同じ素材を用いて述べます。『登山状』は比叡山延暦寺に対し浄土門の立場を明らかにする書状で、無常観を雄弁に述べた部分がそれに含まれます――「それ朝《あした》に開くる栄花は夕《ゆうべ》の風に散り易く、夕に結ぶ命露は朝の日に消え易し、これを知らずして常に栄《さかへ》んことを思ひ、これを暁《さと》らずして久しくあらんことを思ふ。しかる間、無常の風一度《ひとたび》吹きて、有為《うい》の露長く消へぬれば、これを曠野《こうや》に捨て、これを遠き山に送る、骸《かばね》は遂に苔の下に埋れ魂《うつも》は独り旅の空に迷ふ」（『法然上人行状絵図』第三十二巻）。『登山状』の成立は元久二年（一二〇五）年とされ、『白骨の御文章』よりも二世紀以上もさかのぼります。後鳥羽上皇の『無常講式』とほぼ同時代の成立です。「諸行無常」の教理は十二、三世紀頃、文芸で盛んに取り上げられました。聖覚は法然の高弟で、すぐれた文章家・唱導師として知られました。類似した表現からみると、「白骨の御文章」には『登山状』の影響を受けて書かれた部分もあるのでしょう。ただし、『登山状』自体にも、以下で述べるように、藤原公任《きんとう》や遍照《へんじょう》上人などの詩歌の影響があるようです。

後鳥羽院の『無常講式』にも無常観を述べる智顗《ちぎ》『摩訶止観』（巻四上）が引用されます。また、肉体が腐りただれ、禽獣があつまって食い、白骨化する九相が述べられます（花野憲道・小林芳規「仁和寺蔵後鳥羽天皇御作無常講式影印・翻刻並びに解説」『鎌倉時代語研究』第11輯）。ただし、蓮如の「白骨の御文章」では人体の腐敗変相の不浄観はとり入れられていません。蓮如にとって、不浄観よりも無常観が大衆にアピールするように思われたのでしょうか。白骨相に限定して、この世の無常を訴えています。この問題は「白骨相」が九相観に占める位置と関係します（本書第二章の**【西域石窟寺院の不浄観・白骨観】**参照）。なお、後鳥羽院が引用した『摩訶止観』の後半部分については、源信が『往生要集』「厭離穢土《えんりえど》（人道《にんどう》）」の末尾でもその大意を紹介しています。平安後期・鎌倉期の学僧にとって、智顗は不浄・無常観を述べるのに無視できない先達でした。

また、平安時代中期、藤原公任（九六六―一〇四一）の編纂した『和漢朗詠集』下（無常）に「朝有二紅顔一誇二世路一、暮為二白骨一朽二郊原一」（大意）朝に紅顔あって世路に誇れども、暮れに白骨になって、野原に朽ちてしまう）という義孝少将《よしたかのしょうしょう》の詩句が、「朝《あした》には紅顔《こうがん》ありて夕《ゆうべ》には白骨《はっこつ》となれる身《み》なり」に先行して、すでにみられます。さらに、西域・敦煌出土文書でペリオが集収した「九想観詩」〔4597〕に「面上紅顔千道皺」（〔大意〕かつての紅顔の表面には千道の皺《しわ》が刻まれる）の表現がみられます。「紅顔」は青年の盛りを象徴するものでした。

また、遍照上人（八一六―八九〇）の和歌「すゑの露もとの雫《しずく》や　世の中の　おくれ先立つ　ためしなるらむ」（〔大意〕枝先の露、根本の雫は、わずかに消えるのに前後があるが、世の中の人の命がはかなく、後に死んだり先に死んだりすることの例なのであろうか）も、「無常」に分類収録されています。「白骨の御文章」の「おくれさきだつ人はもとのしづくすゑの露よりもしげしといへり」はこれに類似した表現でしょう。

誰でも若死にはしたくありません。人生の喜びをまだ味わい尽くさないうちに命が尽きてしまうのは心残りですし、そもそも、生命力が旺盛であれば、死は受け入れにくいものでしょう。かといって、長寿にめぐまれた老人なら死を気楽に受け入れられるわけでもありません。

死を恐れるといっても、何を恐れるのか、漠然としています。生き返って、死後の世界を見て帰ってきた人は一人もいません。科学が飛躍的に発達したとしても、その状況はおそらくは基本的に変わらない、と思われます。未知の世界に行くのは誰にとっても不安です。僧侶が「白骨の御文章」を拝読しているとき、次に死ぬのが自分だとしても、はたしてどのような死に方をするのか、痛い想いだけは御免だなとか、様々な思いが脳裏を通り過ぎて行きます。そして、ともかく「この世は諸行無常なのだ、あすはわが身か」と、納得したような気になります。でも、精進料理を肴に友人と酒を飲みかわすうちに、「諸行無常」はやがて忘れられてしまうでしょう。

蓮如が白骨にこだわったのは、白骨を「諸行無常」の象徴として、永遠不滅の阿弥陀仏による救済原理と対比させるためであったからのようです。また、「白骨観」が仏教の重要な修行でもあったからでしょう。白骨を観て瞑想にふけり、この世の無常を悟る修行は、中国隋代の天台大師・智顗（五三八―五九八）の講説書『摩訶止観』（巻第九の上）にみられます。「止観」とは瞑想のことです。遺体の腐敗過程を思い浮かべ、坐禅・瞑想してこの世への執着を断ち切るのを「不浄観」といいます――「いまだこの相を見ざれば愛染はなはだ強し、もしこれを見おわれば欲心すべて罷《や》む。懸《はる》かにして忍耐せず。糞を見ざればなおよく飯を噉《くら》うも、たちまちに臭気を聞《か》がばすなわち嘔吐するがごとし（〔大意〕不浄の相を見ないうちは、愛着の念は強いが、もしこれを見てしまえば、愛欲はたちどころに消え、堪えられないものとなる。ちょうど、糞を見ない時には飯をうまく食えるが、もしその臭気を嗅いだのなら、たちまち嘔吐するようなものである）」（岩波文庫『摩訶止観』下）。智顗の『摩訶止観』のこの「不浄」部分を源信は『往生要集』の「厭離穢土《えんりえど》〔人道《にんどう》〕」で引用します（本書第二章の**【源信の『往生要集』と九相図】**参照）。不浄観は九段階から成り、その最終段階が無常を悟る「白骨観」です。

親鸞も『教行信証』（化身土文類六）で、『涅槃経』に説かれている「骨相観」に言及しています。

人間の病「貪・怒・愚」のうち、「貪欲《とんよく》」を治すのに有効とされるのが「骨相観」です――「貪欲の病には教へて骨相を観ぜしむ（〔大意〕貪欲の病のものには、骨相を観じさせる）」。親鸞が師として崇めた曇鸞（四七六―五四二）も九相観に言及し、不浄観が貪欲を止めるとします（『往生論註』下）。

さらに、古代・中世にあっては、遺体が路傍、野原に放置され、それが腐敗・骨化する有様が日常的に目撃されたようです。養老令の賦役令《ぶやくりょう》や軍防令《ぐんぼうりょう》に、上京などの役についた民が途中の道で死んだ場合、家人が引き取りに来なければ、その屍をそこで焼き、埋めよ、とあります（堀一郎「我国に於ける火葬の民間受容について」『葬送墓制研究集成』第一巻）。また、『続日本紀』和銅五（七一二）年正月十六日条に、庸調を運ぶ役民の携帯食料が尽きて帰路で餓死した場合、これを手厚く埋葬させよという記事があります。このような法令があることは、奈良時代には路傍に死骸が放置されることが少なくなかったからでしょう。

『萬葉集』巻第三〔４２６〕に、柿本人麻呂が藤原京の東の香久山に放置されている死骸を見て悲しんだ歌があります。行き倒れの役民でしょう――「草枕　旅の宿りに　誰《た》が夫《つま》か　国忘れたる　家待たまくに（〔大意〕旅先の地で　誰の夫なのか　故郷も忘れて横たわっている　家族は待っているだろうに）」。巻第二〔２２０〕も同じく讃岐の島の岩のあいだに倒れている行路死人を見て作った挽歌です。巻第十三〔３３３９〕も作者は別ですが、同類の挽歌です。巻第九〔１８００〕にも、田辺福麻呂が足柄峠で行路死人を見て作った歌があります。『日本書紀』の大化二（六四六）年三月条に、役民が故郷に帰る途中の路頭で死んだ場合、その場所の住民がこれをとがめて強引に祓除《はらえ》を要求するので、仲間は遺体を放置することが多い、とあります。さらに、『日本書紀』推古紀（推古二十一〔六一三〕年十二月）に、聖徳太子が片岡にでかけたとき、飢えた者が倒れていたので、飲食を与え、衣服を脱いで掛け、歌を詠んだとあります。なお、後に、飢人が死んだことを知った太子は埋葬させて、墳墓を築かせたそうですが、この行き倒れが実は真人《ひじり》（聖）だったという後日譚が続きます。この伝説が短歌形式になったと思われるものが『萬葉集』第三巻〔415〕にみられます――「家ならば　妹が手まかむ　草枕　旅に臥《こ》やせる　この旅人あはれ（〔大意〕家にいたら妻の手を枕にするだろうが　旅に倒れている　この旅人は哀れだ）」。

奈良朝から平安時代に移っても、遺体放置の状態はかわりませんでした。『続日本後紀』巻十二の承和九（八四二）年十月十四日条に、京都鴨川などの河原で五千五百余頭のドクロを集めて焼いた、とあります。河原は庶民の墓地だったようです。『今昔物語集』巻第十六第二十九話に、ある若者の通行人が、旧内裏跡にあった十歳ぐらいの死人を鴨川の河原に持って行き、捨てるように下役人に命じられた、という話がみられます。

『日本三代実録』巻四十三の元慶《がんぎょう》七（八八三）年正月二十六日条には、渤海国使節団が入京するのにあたり、経路にあたる加賀、越前、近江、山城などで、路傍の死骸を埋めさせた、と記されています。死体遺棄に関連してよく知られているのは、空也《くうや》（九〇三―九七二）が京都周辺の荒野に捨てられた遺骸を一か所に集め、油をそそいで焼き、阿弥陀仏の名を唱えたという逸話です（『空也上人誄《るい》』）。一般庶民がろくに葬儀もされず、遺棄される状況は中世後期まで続いたようです。白骨は当時の人々にとって身近な存在で、無常観の題材としてはこれ以上に適したものはなかったでしょう。〈図⑩〉

承久元（一二一九）年に成立した絵巻『北野天神縁起』（承久本）の第八巻に墓地の風景が描かれています。平安時代末の墓地風景は十二世紀末に制作された「餓鬼草紙」（疾行《しっこう》餓鬼）にもみられますが、餓鬼道ではなく人道（人間界）そのものを描いている『北野天神縁起』の墓地風景はリアル感があります。死体は筵を敷いた上に放置され、わずかに着物でおおわれていて、犬が死体を喰い、烏は眼玉をほじっているようにみえます。下級法師らしい人物が遺骸に向かって廻向しているようです。下段に描かれている別の死体は犬がほとんど喰いつくしています。かたわらには、骸骨が散乱しています。平安末期頃の庶民の葬地の有様を描いたものと考えられます。すなわち、遺棄葬（野捨て）の有様です。〈図⑪〉

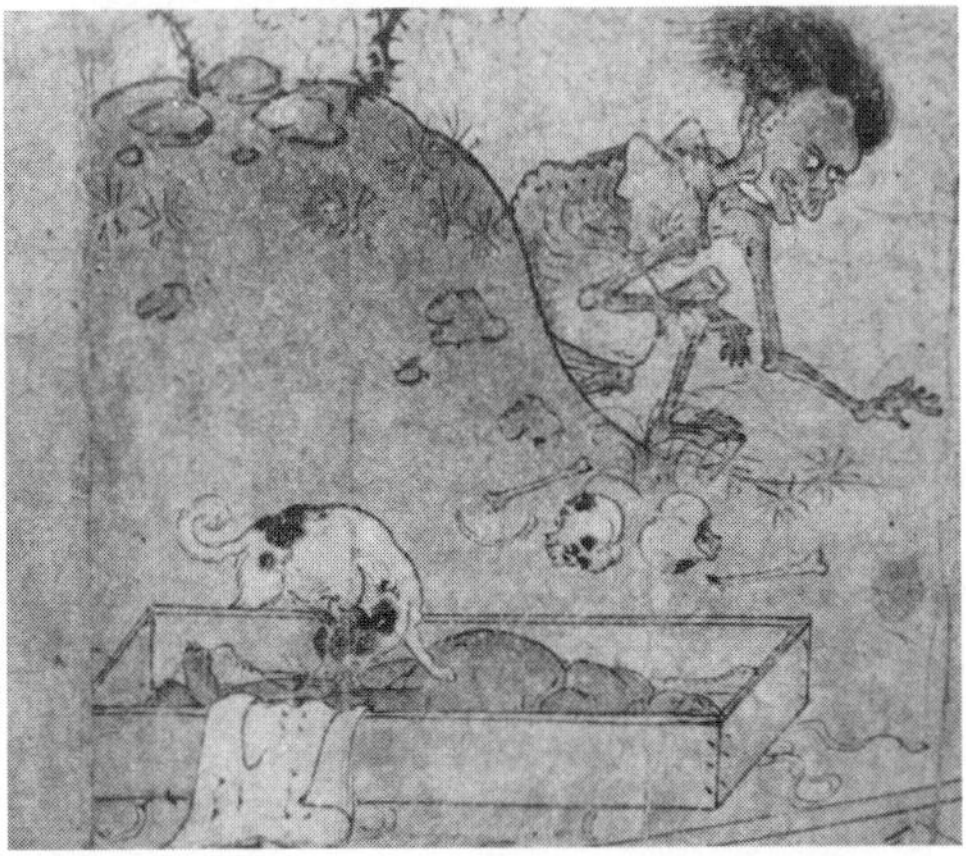

〈図⑩〉『餓鬼草紙』（「疾行餓鬼」東京国立博物館蔵）

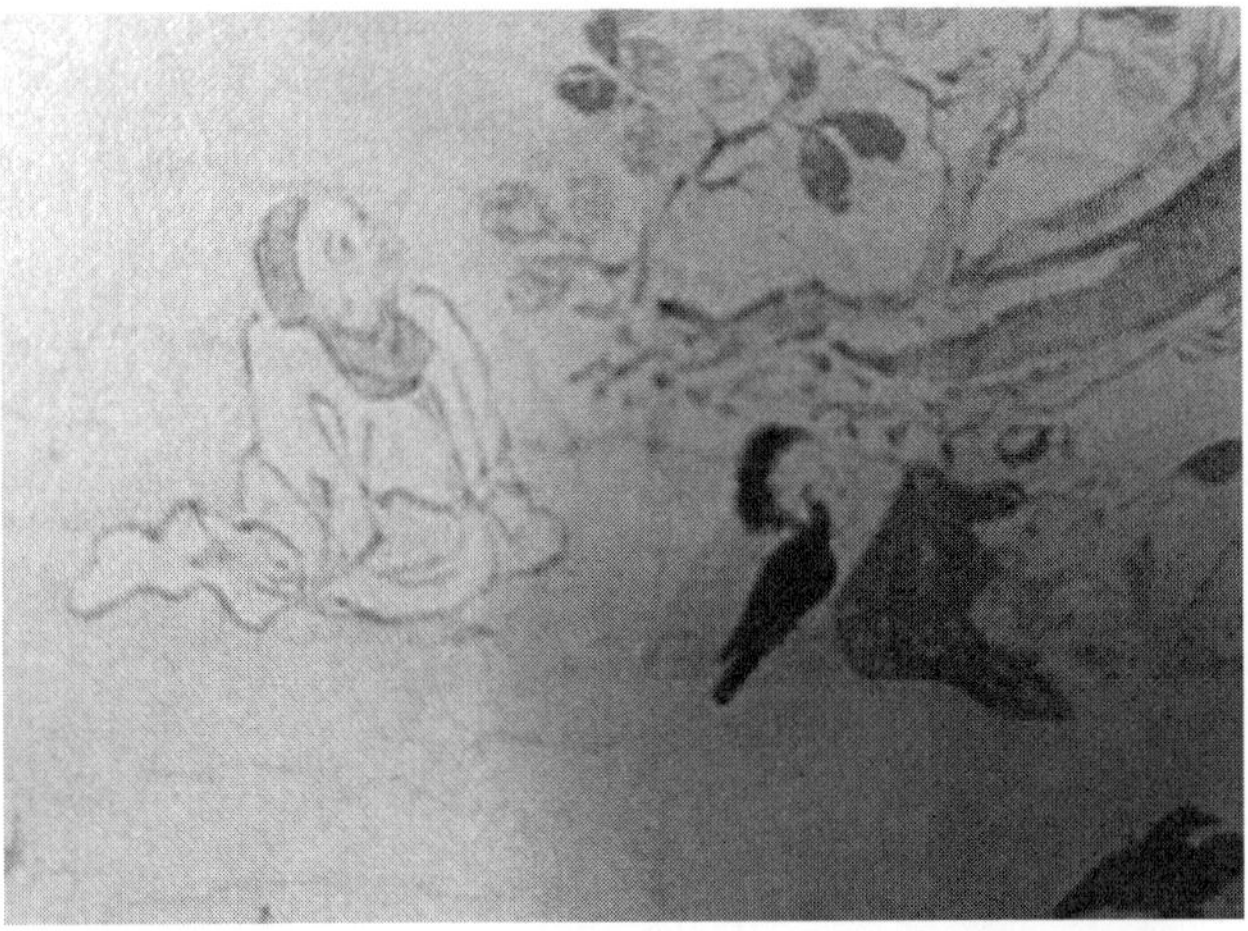

図⑪『北野天神縁起』（続日本の絵巻 15、中央公論社）第八巻（北野天満宮蔵）

樹木・散骨葬は古代葬法の復活か

古代・中世では、野原に遺骨が散らばっている風景がみられたのですが、現代でも骨壺が放置されるなど、その始末に困る事情が発生し始めています。超高齢化社会の到来がすぐ目前にせまっているので、多くの老人が死んで、遺体の処理が追いつかず、火葬場に死人があふれる時代の到来です。しかも、火葬にふせられて骨になったあとでも、そう簡単に永眠させてくれません。墓地に利用できる土地にも限りがあって、庶民にとって独立した墓に遺骨を納めることは経済的に容易ではありません。共同納骨堂に納めるにしても、それなりの管理料金が毎年請求されるので、遺骨の処理に困って山手線の車内に骨壺を放置する「事件」も起きています。また、関西地区でよく聞かれるのだそうですが、骨壺を共同墓地に置き去りにする「事件」もあります。これは、実は、死体遺棄にあたる犯罪で、書類送検はされるのだそうです。こうした遺骨放置には、経済的な問題だけでなく、遺骨尊重の意識が希薄になったことも絡みます。

火葬後に大部分の遺骨を放棄する習俗は広島県の瀬戸内海地方などの浄土真宗地帯で昭和戦後にもみられたのですが、ここでは遺骨尊重の意識があり、遺骨の一部は本山（本願寺の大谷本廟）に送られました。親鸞聖人とともに眠る、という真宗門徒の気持ちが反映されています。本願寺に分骨し遺骨を納めなければ、「まだ半葬式じゃ」と、されました（岡山県和気郡）。ただし、本山への納骨習俗はそう古いものではなかったようです。江戸時代の元禄時代以降に「祖壇納骨《そだんのうこつ》」と称して、遺骨を大谷本廟に持参して納めることが勧められました（大村英昭「収骨と納骨」『真宗儀礼の今昔』永田文昌堂、二〇〇一年、第3部第七章）。

「祖壇納骨」が行われる以前に、墓上植樹の風が確立していたと思われる地区があります。遺骨が埋葬されたところに樹木が植えられましたが、石塔は建てられません。本林靖久氏（「真宗門徒の葬送儀礼――墓上植樹との関連から――」『宗教民俗論の展開と課題』法蔵館、二〇〇二年、所収）が調査した石川県河北郡津幡町種地区内では、本山の東本願寺へ納骨することは昭和四十年代まではまったくなかったそうです。この地区では、昭和十年代までは墓地の一部を掘って遺骨を入れ、杉・松の苗木を植えたのですが、昭和四十年代からは植樹の側に石塔が建てられ、そこに遺骨が納められるようになったそうです。部分収骨で、残りの骨灰は焼き場のそばの窪地に捨てられました。この地点の墓上植樹は現代の樹木葬とそう変わりはありません。なお、後述するように、墓上植樹は昔の「祖霊の依代」という信仰にさかのぼれそうですが、現代人にとっては「祖霊」よりも「自然の循環」という理念が受け入れやすいようです。

樹木葬は火葬後の遺骨を埋め、その上に松などの常磐木を植える葬法です。ところが、遺骨ですら放棄する「無墓制」が鳥取県羽合町の浅津《あそうづ》地区などにみられます。佐々木孝正氏（「墓上植樹と真宗」『仏教民俗史の研究』名著出版、一九八七年）は、無墓制を「遺骨を収納し、墓参のための石塔・石碑や木碑の類を建立した一定の墓地を全くもたない」と、定義します。浄土真宗門徒に特有とみられる葬墓習俗として以上の「墓上植樹」「無墓制」があげられるわけです。この二つの習俗は浄土真宗が定着する以前の古習俗を引き継ぐものでしょう。遺骨の完全放棄は元禄時代以前の習俗にさかのぼれるでしょう。散骨葬はこの無墓制に近い習俗で、『萬葉集』で詠われています。墓上植樹（樹木葬）も石塔を建てない古習俗に由来するものといえるでしょう。

利便性がよい都市近郊の霊園は庶民には手の届きそうもない販売価格がつけられています。知人の話では、東京の郊外、中央線の高尾にある霊園に墓を求めたさい、千二百万円を支払ったそうです。その後、その知人は認知症で入院し、子供がいないこともあって、墓は草ぼうぼうです。何のために大金をはたいて墓を求めたのかわかりません。少なくても、縁者が訪れて「冥福」を祈願することなどはほとんど期待できません。霊園経営業者の懐をうるおすだけでしょう。

『毎日新聞』（二〇一七年十二月十四日朝刊）の記事によると、無縁の遺骨は大阪市では九人に一人の割合で発生し、今後も増え続けると見込まれるそうです。こうした遺骨は合葬墓にまとめて納められます。無縁墓・無縁遺骨をどのように処理すべきかが問題となります。遺骨を利用して「骨《こつ》仏《ぼとけ》」という仏像を造り、祀ることで、参拝者をあつめる寺院もあるそうです。大阪市天王寺区の浄土宗の寺などですが、これについては本書第四章の**【白骨を粉末にする】**でふれます。遺骨で作られた仏像に手を合わせることに抵抗のある遺族もいるでしょうが、遺骨を崇拝する風は古代インドで仏舎利を卒塔婆に納めたことに始まります。昭和四十二年、納骨者の要望によって、天王寺区の寺では骨仏の中をくりぬき、遺骨を仏像の胎内に納める胎内納骨ができるようになったとのこと（藤井正雄『骨のフォークロア』弘文堂、一九八八年、195頁）。人骨は、焼き、洗う（洗骨）ことで浄化されれば、これを汚れたものとする意識はなくなり、むしろ祖霊として崇拝の対象となります。

西日本では火葬後に大部分の遺骨を投棄し、頭骨などの一部だけを骨壺に拾い集める「一部収骨」が一般的です。京阪神寄りの火葬場に多いとのことです（『火葬後拾骨の東と西』日本葬送文化学会〔編〕、日本経済評論社、二〇〇七年）。火葬場に遺骨の捨て場があって、廃骨が小山をなしているところがあったそうです。「一部収骨」の上骨《かみこつ》だけを骨仏の材料に利用するだけではなく、廃骨（下骨《しもこつ》）を粉砕・こね上げして制作された骨仏もあります（本書第四章の**【白骨を粉末にする】**参照）。火力によって骨化したものは浄化されたとみなされますが、それでも死を連想させることから、遺骨に不吉な連想をいだく人もいるでしょう。

このように少子化の進展や高齢者が大量に死ぬ状況もあって、古代・中世ではめずらしくなかった遺棄葬（野捨て）に近い葬法が「樹木葬」「散骨葬」などの姿で復活し始めているようです。ただし、従来の墓石販売が、価値観の変化にともなって振るわなくなったことから、業者が樹木葬という名の霊園に活路を見出そうとしているという面もあるようです。死後は自然に還るという理念は置き去りにされ、芝生が敷きつめられ、樹木がほとんどない「墓地」を「樹木葬墓地」と称する場合もあるのだそうです。

古代の「樹木葬」「散骨葬」は仏教教理を背景に行われたようです。樹木葬を命じたのは元明《げんめい》天皇（六六一―七二一）でした。『続日本紀』養老五（七二一）年十月十三日、十二月十三日条によれば、遺言によって、山のいばらを開いて火葬を行い、そこに常磐木を植え、刻字之碑を立てさせました。「生あるもので死なないものはない。天地の摂理であり、悲しむべきことではない」という仏教的な死生観をもっていました。樹木を霊魂の依代《よりしろ》とみなす考えは、『日本後紀』延暦十八（七九九）年三月十三日条にはっきりみられます。河内国丹比《たじひ》郡で、墓地の樹木を樵夫が集まって伐採しているのだが、それでは先祖の幽魂が落ち着いて帰るところを永く失ってしまうので、以前のように伐採を禁止してほしい、との申請がありました。

一般庶民が石の墓標を建てるのは江戸時代に入ってからのことで、それ以前はせいぜい小型の土饅頭を築き、木製の卒塔婆を立てるだけでした。この卒塔婆は、梵語のストゥーパ（釈迦の遺骨を納めた塔）に由来するとする説と、再生を祈願する生木《なまき》の呪具にさかのぼるとする説があります。次項**【モガリと風葬】**でふれますが、この生木の卒塔婆はモガリの場に立てられた常磐木にさかのぼるとされます。

「野捨て」するのは古代・中世ではめずらしくなく、「野ざらし」で放置された状態は十二世紀末制作の『餓鬼草紙』（「疾行餓鬼」旧河本家本）や十三世紀初頭制作の『北野天神縁起』（承久本、第八巻）

に描かれた墓地にみられます。

『餓鬼草紙』には、遺棄死体がころがっている墓地の塚に、松らしい木が数本生えている図が描かれています。墓石を建てず、墓上に植樹する風習は中世ではとくに本願寺の墓制に目立ちます。『大谷本願寺通紀』第一、第二巻によれば、第二代宗主・善如の墓には松を植えて「しるし」とし、第八代宗主・蓮如の場合、遺骨が埋められた墓上に松の木が植えられたそうです。第九代、第十代、第十二代の墓所にも松または桜が植えられました。石塔は建てられませんでした。今日の樹木葬に類似する葬法は本願寺の歴代宗主にみられるわけです。ただし、第十三代宗主・良如（一六六二年没）からは植樹は記されませんでした。近世に入る時期では、古風な葬法が忌避されたからでしょうか。

植樹は墓域を表示するためだけに行われたわけではありません。常磐木を霊魂のやすらぐ依代《よりしろ》とみなす信仰は仏教伝来以前にさかのぼるでしょう。中世で、このような樹木葬が浄土真宗にみられるのは、古風な葬法が残りやすい性質が浄土真宗に備わっていたから、と推測されます。新奇な儀礼・習俗に対して浄土真宗はそれらを採り入れることに消極的だったことから、古風な習俗が新しいものに取って代わられにくかったのでしょう。

浄土真宗にみられる墓上植樹の風は富山県や石川県で報告されています。佐々木孝正氏（前掲論文）の調査（昭和四十八年、五十四年）によれば、墓石を建てず塚に植樹する風は富山・石川県にみられました。ただし、以前は無石塔だったところに、石塔が建てられるようになっても、墓上植樹が廃れる傾向は強くないのだそうです。

たとえば、金沢市小池町は昭和五十四年の調査時で、石塔は建てず、墓松だけを植えた墓地があったそうです。墓松に故人の骨を吊るす「骨掛け」の風習が廃絶しても、墓上植樹の継続する地点が多く、墓上植樹の風がかなり根強いとのことです。明治末年頃まで、真宗門徒の墓には石塔・石碑・木碑が建てられず、植樹がされた、と佐々木氏は結論します。なお、「骨掛け」は火葬骨を菰《こも》に入れて、墓地の樹木に中陰の四十九日間吊るしておく習俗ですが、その起源は未詳です（拙著『親鸞と葬送民俗』湘南社、二〇一二年、第一部第一章）。山形県の民俗例が古いのですが、真宗の信仰とは関連はないようです。

墓上植樹の意図に類似していると考えられるのですが、「梢《うれ》付《つ》き塔婆」を墓所に立てる習俗が全国にみられました。その起源は古いモガリの葬法にさかのぼれるのかもしれません。モガリでは、死者を地上に置くさいに、そのまわりに常磐木を立てたとされます（五来重『日本人の死生観』『著作集』第三巻、法蔵館、二〇〇八年）。常磐木を霊魂の依代とみなす信仰は仏教伝来以前にさかのぼり、祭りの場に神を降ろすために立てられる神籬《ひもろぎ》には榊《さかき》などの常緑樹が使われました。これも墓上植樹の源泉の一つと考えられます。

「梢《うれ》付《つ》き塔婆」は生木《なまき》で、「弔い上げ」とされる三十三回忌もしくは五十回忌に墓所に挿します。これが根付くと、死者が生まれかわったとする地方がありました。また、死者はこの卒塔婆をたよりに天上に昇り、「神・祖霊・本当の仏」になる、とされます。葉付きの生塔婆の中間部分に戒名・偈文を書きつけ、再生を祈願します。墓上植樹が霊魂の再生を願う習俗であったことは否定できないでしょう。

散骨は淳和《じゅんな》天皇の遺詔によって実行されました（『続日本後紀』承和七〔八四〇〕年五月六日条）。「死後は、遺骸を焼き、骨を砕き、山中に散布するべし」と、あります。淳和天皇は「〔大意〕人が死ぬとその魂は天に帰るので、墓は空になる。悪鬼がここに住みつき、祟《たた》りをなし、長く後々にまで累《わざわい》を及ぼすようになる、と私は聞いている」という理由からも、墓塚を造ることを禁じました。現代では継承者のいない無縁墓が多数発生していますが、淳和天皇が現代に生きているとすれば、墓を造らずに、散骨することを勧めるでしょう。なお、上古より山陵を造らないということは天皇の例にはない、と散骨に反対する意見が近臣から出されましたが、五月十三日夕刻、山城国の物集《もずめ》村で火葬し、散骨が洛西の大原野の西山の嶺の上で行われました。

古代、七世紀から九世紀にかけて、火葬後に遺灰を散骨する風が一般にも行われていたらしいのです。斎藤忠氏（『東アジア葬・墓制の研究』、第一書房、一九八七年、第四編四）は、『令集解』（九世紀成立）に「大蔵」という名称があって、これが「散骨」を意味したと解釈しました――「墓を営むことができる人々でも、もし大蔵しようと欲する者がいるならば、これを聴許する」（原漢文）。かつては「火蔵」を「大蔵」と誤写したもので、「火葬」のことだとする説などがありましたが、斎藤氏は「大蔵」を「散骨」とする解釈を採りました。『令集解』の「大蔵」に続く「古記」の「以骨除散也」(〔大意〕骨を以て除散すとなす)から、大蔵を火葬とは解釈できないとします。また、古代朝鮮にも散骨の風習がみられたことからも、「散骨という死体処理の一形態が、日本の古代において、必ずしもきわめて特殊な例外的なものでなく、比較的広く行われていたのではないか」と、推測します。なお、「大蔵」とは墓のような局限の空間に納めるのではなく、広い空間に骨粉をまき散らすこと、すなわち、「天地間に蔵するという意」であろうとする喜田貞吉氏の説を採ります。『萬葉集』(巻第七、挽歌)に散骨にかかわるものが二首みられます。この散骨では、淳和天皇が遺詔した骨を砕いて粉にするような手間は必ずしもかけなかったと思われます。

秋津野《あきづの》を　人のかくれば　朝撒《あさま》きし　君が思ほえて　嘆きは止まず〔1405〕
(〔大意〕秋津野を　人が口にすると　朝その骨を撒いた　あなたが思い出され　嘆きは止まない)
玉梓《たまづさ》の　妹は玉かも　あしひきの　清き山辺に　撒けば散りぬる〔1415〕
(〔大意〕妻は玉なのか　清い山辺に　骨を撒いたら散らばってしまった)

なお、火葬の遺骨については次の歌が知られています。

鏡なす　我が見し君を　阿婆の野の　花橘《はなたちばな》の　珠《たま》に拾ひつ〔1404〕

〔大意〕鏡のように　いつもわたしが見たあなたの骨を　阿婆の野の　花橘の　珠として拾った）

ここでは遺骨を橘の花にたとえ、首飾りにしたことから、遺骨を穢れたもの、忌むべきものと感じていないようです。この遺骨は焼骨で、清浄なものとみなされていたものと思われます。頭蓋骨を崇拝するのは洋の東西にみられます。骨を死霊の依代とみなす信仰の萌芽は『万葉集』の時代には成立していたようですが、それが本格的に定着したのは平安時代末期の高野山納骨からでしょう。その基盤はブッダの遺骨「仏舎利」を崇拝する伝統が仏教にあったからでしょう。

元明・淳和天皇の遺詔は薄葬令《はくそう》というべきもので、葬送をなるべく簡素に行い、人民の負担を軽くする意図があり、中国の徳治思想を背景にしています。嵯峨天皇（七八六―八四二）も、『続日本後紀』承和九（八四二）年七月十五日条で、薄葬を指示する遺詔をのこしました。山北の静かな無用の土地に三日のうちに埋葬し、棺が埋まる程度の深さに穴を掘り、棺を下ろしたら、高く土を盛らず、樹木も植えず、草は生えるままにしておきなさい、という薄葬の遺詔でした。仏教および儒教の影響が強くうかがわれます。

薄葬思想が顕著で仏教思想の影響があった嵯峨天皇は棺の板は厚くせず、蓆《むしろ》でおおうように言い残しています。嵯峨天皇の皇后は「檀林《だんりん》皇后」と称され、禅の理解者でした（橘《たちばなの》嘉《か》智《ち》子《こ》、七八六

―八五〇）。薄葬の極致ともいうべき風葬をもって生涯を閉じた、と伝承されます。皇后の和歌と伝承される「われ死なば　焼な埋むな　野に棄て　やせたる犬の　腹を肥せよ」が知られています。遺骸を野に棄てさせ、愛欲を断じる戒を自ら示した、と伝えられます。九相観説話と関連して、本書第二章でふれます。なお、皇后は檀林寺という大寺を建立したことから檀林皇后と呼ばれたそうです。

薄葬の思想は早くは大化二（六四六）年の大化薄葬令（『日本書紀』巻第二十五）に明確にみられます。これは『魏志』文帝紀を土台にしたもので、旧来の習俗に財を費やすのは「諸愚俗のする所なり」（〈大意〉愚かな俗人のすることである）、また「我が民の貧しく絶《とも》しきこと、専ら墓を営《つく》るに由《よ》れり」（〈大意〉我が民が貧しく困窮しているのは、もっぱら墓を作ることによる）と、身分によって墳墓の規模を制限するなど、中央集権の強化色が強いもので、厚葬の風俗を禁じました。孝徳天皇（在位六四五―六五四）自身は詔勅で「吾《われ》此《こ》の丘墟《きうきよ》の不食《ふしょく》の地に営《つく》り、代《よ》を易《か》へむ後《のち》に、其《そ》の所《ところ》を知らざらしめむことを欲《ほり》す」（〈大意〉丘にあって開墾不能の地に墓地を営み、世が代わった後はその地が分からなくなることを望む）と、墳墓は不毛の地に設営するように命じ、厚葬を禁じました。

さらに、『萬葉集』や『続日本紀』（和銅五（七一二）年条）などの遺骸放置についてはすでにふれましたが、大化薄葬令でも「凡《おほよ》そ畿内より諸《もろもろ》の国等《くにぐに》に及《いた》るまでに、一所《ところ》に定めて収埋《をさめうづ》めしむべし。汗穢《けがらは》しく処々《ところどころ》に散埋《ちらしうづ》むること得《え》じ」（〈大意〉およそ機内から諸国に至るまで、一か所に定めて埋葬させ、汚らしくあちこちに埋葬させてはならない）と、土葬とも遺棄葬ともいえないような見苦しい葬り方を禁じます。ここで勧められている埋葬とは、墓穴を掘り下げて遺体を土中に埋め込む本格的な土葬ですが、地表近くに遺体を置き、土をその上に盛って、土饅頭の形にして遺体を隠すのを禁じたようです。これは、遺体を完全に埋めるのではなく、死体放置と土葬の中間のような葬法だったと思われます。しかも、あちこちに乱雑に遺体を葬るのも禁忌されました。

新谷尚紀氏（「火葬と土葬」『民衆生活の日本史・火』思文閣出版、一九九六年）は、平安時代の貴族について、浅く土盛りしたのは「遺体や顔に直接土を掛け窒息させてしまうことへのためらい」があったから、とします。古代の庶民には、深く埋め込む手間が惜しいという現実問題が突きつけられたでしょう。土の盛り方が不十分であれば、気象条件によっては遺体の一部が地表に現れることもありました。遺骸放置に近い処理がめずらしくもない習俗であったことが推測されます。これは、次項でふれることになる、風葬と重なる習俗です。なお、遺体を穢れたものとして忌避することから、かつて墓穴を一丈（三・三メートル）も掘る所がありました（小林一男「福井県の葬送・墓制」『北中部の葬送・墓制』明玄書房、一九七九年）。

散骨葬と遺棄葬は、結果だけを見れば、白骨が地表にちらばっているという状況から、かなり類似しているといえます。ただし、遺棄葬は自然葬そのものにあたり、散骨葬は、淳和天皇の場合のように、撒き棄てるのに、骨を砕いて骨粉にするのであれば、かなり人工的です。また、散骨葬は火葬を前提に成り立つでしょう。いずれにしても、野に棄てられた骨はやがて風化がすすみ、周囲の土砂と区別できなくなります。

モガリと風葬

大化薄葬令でとくに注目すべきは、モガリ禁止令です――「凡《おほよ》そ王より以下庶民に至るまで、殯《もがり》営《やつく》ることを得《え》ざれ」(〈大意〉およそ王以下、庶民に至るまで、モガリの建物を造ってはならない)。漢字「殯《ひん》」の訓読みに日本語の「モガリ」が当てられます。漢語「殯」の原義は「死体を葬る前に棺に納め賓客として待遇する」と、されます。日本のモガリでは、死者を本葬するまで、一定期間、仮安置し、肉親の女性と二人の「遊部《あそびべ》」が殯宮に籠って死者に奉仕します。遊部の沿革については、『令集解』(九世紀成立)に引用される「古記」に説明されています。「遊ぶ」とは「音楽を奏し、歌舞することで、殯宮内で「たやすくは人に知らしめない」言辞を唱えるなど、呪術的な宗教者でした。「殯」と「モガリ」は類似していますが、モガリでは各種の蘇生・鎮魂儀礼が盛んに行われ、その期間も上流階級では足かけ三年またはそれ以上に及んだようです。

古墳時代と飛鳥時代に成立した『魏志』倭人伝、『隋書』倭国伝によれば、「モガリ」は古代では一般に行われていたようです。『魏志』倭人伝では「殯」という表現はみられませんが、モガリ儀礼らしきことが行われたと解釈できます。「殯」は『隋書』倭国伝に現れ、「貴人は三年外に殯《もがり》し、庶人は日を卜して瘞《うず》む」と、あります。死者は住居を離れ、野外のモガリのために建てられた建物に三年ほど納められ、遺体が腐乱・白骨化するまで放置され（一次葬）、それから正式に埋葬（二次葬）されたと考えられます。一次葬で死者の蘇生と鎮魂を祈念し、歌舞・飲食、号泣儀礼などを行います。このような「複葬」は東南アジアから極東にわたる地域にひろくみられたそうです。

大化薄葬令で、豪族だけでなく庶民のモガリも禁止されたことから、モガリがあらゆる階層にひろがっていた、と想像できます。ただし、『隋書』倭国伝では、庶民について「日を卜して埋葬する」と書かれているだけで、はたしてモガリのための建物に収容されたかどうか分かりません。遺棄葬ともいえる「風葬」に処せられたのかも知れません。『魏志』倭人伝では、「喪に服すのをやめて、仕事を始めるまで十日余り」、歌舞・飲食などの儀礼を行う、とあり、モガリがあらゆる階層で行われた可能性は否定できません。モガリの期間は、普通は、十日ほどだったのでしょう。遺体は三日たてば、腐敗が始まります。

大化薄葬令でモガリが禁止されたとはいえ、皇族については、しばらく皇子女以上は許されました。しかし、文武《もんむ》天皇（六八三―七〇七）以降は、天皇についても、モガリは行われなくなります。皇族は多くは数か月から足かけ三年、野外に小屋を建て、遺体を納めてモガリ儀礼を行った、と推定できます。モガリでは、遺体は土中に埋め込まれることはなかったでしょう。遺体を納めた小屋のそばに遺族がこもる建物もあったようです。これを「盧《ろ》」と呼びました。天皇の場合、殯《ひん》は宮の南庭に建てられたようですが、埋葬地（墓所）の近くに「殯・盧」が建てられることもあったようです。後者については、琉球列島の風葬民俗に類似します。

大化薄葬令以降、モガリは廃れたのですが、貴族階級では遺体を「玉屋《たまや》・玉殿《たまどの》」に仮安置するモガリの遺風が平安時代にみられました。土中に深く埋める土葬ではなく、風葬に準じた「埋めない葬法」だったようです（三条皇后など）。ただし、安置場所に遺族が籠ることはありませんでした。

琉球列島の沖永良部島の「喪屋」習俗について、明治十年、鹿児島県庁が「棺をモヤと称する小屋内に置き、親子兄弟がここに来て、棺を何度も開き見る。臭気が甚だしくなってもこれを嫌わないのは不衛生である。すみやかに埋葬すべきである」という諭達を出しています。ここのモヤは「殯」と「盧」を兼ねた小屋のようです。また、伊波晋猷氏が「南島古代の葬制」（『葬送墓制研究集成』第一巻、名著出版、一九七九年、所収）で報告していますが、沖縄の津堅《つけん》島では、遺体を後生《ごしょう》山の藪に棄て、屍から臭気が出るまで、毎日、死体の顔をのぞき、毎晩のように、死体の前で酒宴をひらいたそうです。さらに、枝手離《えだてはなれ》（奄美大島・枝手久島）の風葬で、礼装させた死体を白砂の上に放棄し、同様の葬宴が催されたそうです。本書第二章の**【伝空海・蘇東坡《そとうば》作「九想（相）詩」とその後】**でふれますが、狩野英納「九相詩絵巻」（1651）の第二段（肪脹相）に腐乱寸前のガスで膨張した死体の様相を貴人がのぞいている図があります。葬宴ではないのですが、風葬に処せられた死後変化の初期の相が、みごとに絵画化されています。

屍《しかばね》を前に歌舞・飲食する「葬宴」については、古くは『魏志』倭人伝、『隋書』倭国伝で述べられ、『古事記』にも天若日子《あめのわかひこ》のモガリで川雁《かり》などが「日八日夜八夜《ひやかよやよ》を遊びき」と、あります。歌舞宴曲はアジア大陸だけでなく、南海地域などにも広く行われているとのことです。葬宴の目的については、亡き人の魂を揺さぶり動かして、「蘇生」を促すこと、荒魂を鎮める「鎮魂」、死者の魂を慰撫すること、などの説が提起されています。さらに、死臭に耐え、これをまぎらす目的で歌舞するとも説明されます。柳田國男氏の『南島旅行見聞記』（酒井卯作・編）に、「久高にも此風あり。棺を崖より下し、酒宴をして腐臭をまぎらす」と、あります。沖縄方面の葬宴を古代のモガリにつながる習俗とするのは魅力的ですが、両者の趣旨が一致しないとの説も捨てがたいでしょう。

モガリが廃れたあと、墓地に隣接して親族が籠る「喪屋《もや》」（「盧」）が建てられるようになりました。柳田國男氏（『葬送習俗語彙』二三、喪屋・霊屋）によれば、対馬の木坂では野辺に喪屋を作り住み、これを「山上り《やまあが》」と呼びました。伊豆諸島では山間の「門屋《かどや》」という小屋に忌籠るという習俗が近代でもみられました。なお、これらは埋葬地（墓地）の周辺に建てられたことから、埋葬される以前に建てられた古代のモガリの建物とは区別すべき、と和田萃氏（『日本古代の儀礼と祭祀・信仰』上、塙書房、一九九五年、65頁）は指摘します。

一般庶民については野捨て（遺棄葬）が室町時代までめずらしくなかったようです。極貧の沙弥・教信（八六六年没）が遺棄葬に処せられたらしいことは、『日本往生極楽記』（二二）、『今昔物語集』

巻第十五第二十六話で知られています。「野ざらし」にされた教信の遺体を犬の群れが喰っていて、竹で作られた盧（喪屋）の中で妻子が嘆き悲しんでいました。おそらく、教信は、平安時代の下層民とおなじく、遺棄葬に近い形で、最寄りの葬地に送られたのでしょう。野原に置き去りにされず、その死を悲しむ肉親に付き添われたのは、恵まれた最後でした。ただし、手数のかかる土葬・火葬とは無縁でした。

琉球列島で戦後しばらくまで行われた野捨てに近い葬法を風葬といいます。曝葬《ばくそう》ともいい、自然の風雨にさらして遺体の風化を待ちます。風葬も人工色の濃いものから死者を遺棄するだけの単純な葬法まで、色々です。遺体を棺に納め、洞窟に収容するのはかなり人工色の濃い葬法です。遺体は棺の中で腐敗・骨化します。数年後に白骨化した遺骨を取り出し、洗骨し、壺に納骨します。骨を壺に入れず、洞窟内に積み重ねる場合もあったそうです。自然葬とみなされるのは海岸の砂浜や石灰岩堤の元に遺体を放置する葬法です。ただし、ゴザ・ムシロで覆うことぐらいはしたでしょう。琉球列島でみられた遺体の前で歌舞・飲食する風習が古代のモガリ儀礼と類似するともいわれます。確かに、モガリの一次葬と風葬は、みかけは、類似しています。

琉球列島には風葬地跡が今でも海岸や密林にかなり残されています。モガリ・風葬は現代では完全に消滅していますが、モガリの風習は近現代の通夜に引き継がれているという説もあります。モガリの期間が一晩に短縮し、遺体を安置する部屋とそれに隣接する家族がこもる部屋があるのが、通夜とモガリの類似点というのですが、両者の歴史的な継続は立証されていません。

鎌倉時代、親鸞（一二六二年没）は、鴨川へ遺体を捨て、魚に与えよと言い残したようですし、一遍（一二八九年没）も遺骸を野に捨てて獣に施しなさいという言葉を残しています。平安時代の京都周辺には死体がいたるところに転がっていたようです。飢饉のために伝染病が蔓延した時には、京都の鴨川と桂川の合流点あたりは死骸が折り重なって、川の流れをふさぎました。洪水が起きれば、遺棄死体は大阪湾に流されたでしょう。『碧山日録《へきざんじつろく》』の寛正二（一四六一）年二月二十九日条に、四条坊の橋から上流を見ると、屍が無数にあり、まるで岩石の塊のように積み重なり、流れをふさぎ、その腐臭にはとても耐えられない、とあります。

火葬は七世紀前後から高級僧侶や天皇に対して行われました。手間と経費がかかり、どちらかといえば富裕階級の葬法でした。それ以前はモガリが一般的でした。歴代天皇のうち持統天皇が火葬の最初で、前代の天武天皇まではモガリでした。持統天皇以後の文武《もんむ》・元明《げんめい》・元正《げんしょう》は火葬でした。持統・文武天皇は、モガリが営まれたあと、火葬にふされていることから、モガリから火葬への移行期にあることが注目されます。元正天皇以後、聖武天皇からは土葬にかえり、火葬と土葬の混在期を経て、十世紀後半以後に火葬が増えます。

とくに浄土真宗にみられる「無墓制」についても、古代の習俗に由来するとみなせるでしょう。墓のない村は鳥取県東伯郡羽合《はわい》町浅津《あそうづ》にありました。火葬したあと、西本願寺の大谷廟堂へ納骨するために骨の一部をとっておき、大部分を近くの小川に捨てました。筒井功氏『葬儀の民俗学』（河出書房新社、二〇一〇年）によると、昭和四十年代までそのような習俗がみられたそうです。「無墓制」の民俗例については、蒲池勢至（『真宗と民俗信仰』第一章第二節、〔初出〕平成五年）に三十七例の報告があります。ただし、兵庫県多紀郡篠山町泉のように、遺体を埋葬（土葬）する地域で、墓石をいっさい建てない「無墓制」は少数のようです。火葬のあと、遺骨の大部分を放棄し、墓を作らない例が多いのは浄土真宗の門徒とされます。概して、石塔を建立しない「無墓制」は火葬に多く、土葬では少ないようです。なお、琉球列島で行われていた風葬では、遺体を砂浜の岩陰に放置したあと、墓参もされない場合があり、これなどは完全な「無墓制」とみなせそうですが、遺体放置の場所が村落の共同墓地と意識されるのが普通で、完全な「無墓」とは言い難いでしょう。このように、「無墓制」は定義しにくいので、「無石塔制」という表現を使った方があいまいさが避けられます。

『古事記』の黄泉国《よみのくに》

遺体遺棄の状態は野や路傍だけにみられたわけではありません。古代のモガリ葬法では仮安置された遺骸が腐って白骨化する過程が不可欠でした。天皇のモガリは、短くて二か月（孝徳天皇）、長くは五年以上（敏達天皇、斉明天皇）かかりましたが、普通は一年以内でした。それでは、どうして遺体が腐乱するまで安置したのでしょうか。

そもそも、前節でモガリの「葬宴」の意図について問題点にふれましたが、モガリそのものについて、その意図を解明しようとしても、一筋縄では処理できません。複数の意図がないまぜになっているようです。斉藤忠氏（『東アジア葬・墓制の研究』361頁）は、「死者の復活に期待するとともに、死への確認をなし、あわせて死者の霊魂を鎮め招く鎮魂的な意味など、複雑な要素が混融したもの」であろうと結論しますが、おそらくはモガリに入った当初は「蘇生」をおもに願ったと思われます。時間が経過するにつれ、肉体の腐敗がすすめば、もはや死者の復活が期待できなくなり、「鎮魂」の意図が前面に出て来るでしょう。仮死状態で肉体から遊離した霊魂がもとの肉体に戻れない場合、死が決定されます。肉体が腐乱して原形をとどめなくなって、死を認めざるを得なくなるわけです。それまでは仮死者の蘇りを祈願する儀礼を執行したのでしょう。

『古事記』に、伊耶那岐《いざなき》が黄泉国《よみのくに》を探訪し、死亡した伊耶那美《いざなみ》の腐乱死体を見て戦慄して逃げ帰った話があります。この逸話にみられる腐乱死体はモガリの状況そのものと考えられます。伊耶那岐が伊耶那美の死体を見た場所はモガリが行われる喪屋で、内部が暗かったとすれば、「一つ火」を点《とも》して中に入ったのも理解できます。伊耶那美の身体は「うじたかれころろきて」（大意）蛆がわき集まって、ころころと音をたてていた）と、描写されます。鎌倉時代（十三世紀後半）の「六道絵」の「人《にん》道不浄相図」第五段「膿爛《のうらん》相」に無数の蛆が腐乱死体を食《は》んでいるのが描かれています。『古事記』の伊耶那美の死体描写そのものでしょう。伊耶那岐は恐れおののいて逃げ帰り、黄泉国と現世の境にある「黄泉比良坂《よもつひらさか》」を巨石で塞ぎます。「吾《あ》はいなしこめしこめき穢《きたな》き国に到《いた》りて在《あ》りけり。故《かれ》、吾《あ》は御身《みみ》の禊為《みそぎせ》む」（〈大意〉自分は何という醜い国に行っていたことだろう。身についた穢れを清めるために禊ぎをしよう）と、瀬戸で海中に潜って穢れを祓いました。

斉藤忠氏（『前掲書』３２８頁）は、伊耶那美の遺体が置かれていたのが横穴式石室ではなく、むしろ、モガリの喪屋の内部の状態を反映するもので、黄泉比良坂は黄泉国と現世の境界を意味し、「その境界が同一の平面上にあった」と、考えます。また、黄泉国の「ヨモ」は、本来は、「ヨミ」の転化で、「ヨミ」は「闇」で、死者の住む暗黒の世界を意味し、必ずしも「地下の国」に限定すべきではない、とします。

『萬葉集』にみる葬地

散骨葬について、『萬葉集』に載せられた歌をすでに紹介しました。堀一郎氏（『萬葉集にあらはれた葬制と他界観、靈魂観について』『萬葉集大成』第八巻、民俗篇、平凡社、一九五三年、所収）は、『萬葉集』に収められた挽歌について、①死者の行方、②死者葬場について、③死者について連想する自然現象や物について詠んだ歌九十四首を次の七種に分類しました。

Ⅰ　山丘に隠れる、山隠る、磐かくる、山によって故人を偲ぶ（50％）

Ⅱ　雲霧に乗って天に登る、天隠れる、雲が来る、高きに通ふ…（24・47%）
Ⅲ　海濱にしづまる、島にしづまる、島隠る…（24・47%）
Ⅳ　樹木について故人を偲ぶ（13・83%）
Ⅴ　野にしづまる、野を過ぎてゆく（5・32%）
Ⅵ　川・谷にしづまる（4・25%）
Ⅶ　冥道、黄泉、地下、はるかなる所に行く（7・44%）

以上のことから、死者の霊魂が高きにつくというⅠとⅡの着想が合計74・47%に達し、Ⅰは主に葬場、埋葬地について詠ったもの、Ⅱは観念的に死者霊魂の行方を詠じたもので、山、雲、霧などがこの連想を助ける媒体となります。また、山丘について、抽象的に扱っているものと、特定の山丘をさしたものがあり、とくに泊瀬《はつせ》（長谷）山が多くあらわれることから、ここが古い他界霊地のようなものであった、と指摘します。枕詞「こもりく（隠口）の」が「泊瀬の山」にかかります。「泊瀬」が奈良盆地から隠れて見えない谷あいにあるからとされています――「こもりくの　泊瀬《はつせ》の山の　山のまに　いさよふ雲は　妹《いも》にかもあらむ」巻第三〔428〕（〔大意〕こもりくの　泊瀬の山の　山の端に　去りかねている雲は　おとめの火葬の煙であろうか）。『萬葉集』の挽歌には山中他界観が卓越し、地下他界観はめだちません。古代の他界観に「山」が主要なモチーフを占めていたことは、現代でも葬送・墳墓について「山」にかかわる語が多くみられることから分かります。古くは、天皇の陵《みささぎ》を「山陵《さんりょう》」、陵を築くことを「山作《やまつく》り」と呼びました。大林太良氏（『葬制の起源』角川新書、一九六五年、114頁）によれば、民間で葬地を「ヤマ」という所は多く、墓穴掘りを「ヤマトリ」、埋葬役を「ヤマシ」という所もあるそうです。沖縄の津堅島では風葬地を「後生山《ごしょうやま》」と呼んでいました。

山奥が人を葬る場所であることは上代の「おくつたえ（奥つ棄戸）」「おくつき（奥津城）」の語にみられ、堀一郎氏（『民間信仰』岩波全書、一九五一年、212頁）は「オクは沖でもあり、奥でもあろうから、人跡を離れた幽邃の地は即ちまた死体の安置所でもあり、それはやがて死霊の籠る霊地ともなり、やがては高く聖地、他界の具体的な姿をここに描き見んとするに至ったのであろう」と、古代の葬地が山奥にあったことから、そこが霊地・聖地として人々の信仰の地となったとします。古代・中世では、むしろ運搬の便などを考えると、一般庶民が里からやや離れた山丘に遺体を放棄することが少なくなかったと思われます。堀一郎氏（「前掲論文」55頁）は、風葬あるいは遺棄葬がひろく一般庶民によって支持された、とします。古代、近くの山丘に遺体を置くのが一般庶民の風習であったらしく、土中に深く埋めない「浅い土葬」がせいぜいで、遺体に筵をかけて放置する風葬だったようです。

土井卓治氏（「風葬に関する問題」『葬送墓制研究集成』第一巻、名著出版、一九七九年）は、江戸末よりもさらに下ってからも風葬が行われたと考え、風葬地の立地条件をいくつかあげていますが、そう高くない里山を有力地とみなしています。ただし、今日、有名な山岳霊場は、中世の修験や聖《ひじり》（たとえば、高野聖）の影響で大きな霊場に発展したもの、と思われます。風葬の痕跡は残りにくく、せいぜい地名から風葬地であったことが想像されます。土井氏があげている地名は次のようなものです——イヤ谷、イヤの穴、矢谷、湯屋谷、湯屋迫（イヤ系統に安芸の「宮島」がある）、地獄谷、シビト谷、ムクロ谷。他に、イヤ山、姨捨山、オバ捨て場、人捨て場、浄土岩、親不知、荼毘沢、クサリブチ（徳島県東祖谷菅生）があります（クサリとは、「腐り」あるいは「鎖」でしょうか）。

まとめ——樹木・散骨葬のルーツは無墓制——

昨今、樹木・散骨葬が注目されていますが、そのルーツは、石塔を建てない「無墓制」にさかのぼれそうです。無墓制はとくに浄土真宗の法義が篤い地域にみられます。その理由は開祖の親鸞の信仰内容によると考えられます。親鸞の信仰は師・法然の他力信仰を受け継いだものです。比叡山延暦寺に代表される旧仏教と決定的にちがうのは、比叡山の天台宗が自力信仰であるのに対し、法然・親鸞が他力信仰であることです。自己の罪深さ・不完全性を認識し、「阿弥陀仏」と称される宇宙の摂理に帰依するのが他力信仰で、その摂理は慈悲の力をもつと信じられました。

自力信仰では厳しい修行（八正道など）を積んで自己を清浄化したうえで成仏するのですが、親鸞は、煩悩をかかえたままのわが身全体が阿弥陀仏の救済の対象になる、と信じていました。死の不安そのものを取り除けなくても、それを受け入れることができたのは他力信仰によります。親鸞は、宇宙の摂理に帰依し、その救済に感謝する信仰生活を送っていたので、ポックリ寺に参ることはなかったでしょう。親鸞の他力信仰は呪術を否定します。当時、上流階級ではやった臨終正念のうちに五色の糸を引く臨終行儀を法然や親鸞は採用しませんでした。「わたしの死骸は鴨川にいれて魚の餌にしなさい」と、親鸞は言い残したそうです。開祖・親鸞が葬送儀礼を重んじなかったことから、浄土真宗は葬送儀礼の導入に消極的で、そこから「無墓制」の民俗が浄土真宗にみられることが説明できます。

無墓制は古層民俗でした。庶民が墓石を建て始めたのは江戸時代の寛永年代(一六二四―一六四四)に入ってからで、十八世紀初頭にかけて急増しました。上流富裕階級はすでに平安時代後期には墳墓を築き、卒塔婆や石塔を建てていましたが、火葬後、遺骨を放棄して石塔を建てない風が浄土真宗の門徒にみられたことは江戸時代に書かれた『参州一向宗乱記』(『蓮如一向一揆』続・日本仏教の思想　4、岩波書店、一九九五年〔新装版〕、288頁)に記されています――「不可思議光如来御はからひ也と解して、墳墓を築く事をせず」(〔大意〕阿弥陀仏のご配慮と思い、墓を築かない)。また、東本願寺から末寺に出された『御寺法御掟』(『真宗史料集成』第九巻)の延宝四(一六七六)年にも、「他宗のように石塔・位牌をたてることを堅く禁じ、墓印には樹木を植えるのがもっともよい」(大意)と、あります。真宗の「無墓制」は古層民俗の遺風と考えられ、他宗が墓を建てるようになっても、真宗門徒のなかにはそれを拒否し、昭和四十年代まで無墓制を継承していた地域がありました。

古墳・飛鳥時代の葬法は「モガリ」でした。これは大化薄葬令(六四六年)で禁止されます。モガリで収容された遺体は腐乱・骨化しますが、古代・中世では、路傍や野原に遺体が放棄されることがめずらしくありませんでした。火葬がされても、上流階級の葬法で、下層民の土葬はせいぜい「半土葬」で、軽く土が掛けられるだけだったでしょう。じきに葬られた場所も分からなくなります。つまり、古代・中世では庶民はたいてい「無墓」だったと思われます。

無墓制の中に入る「散骨葬」を命じたのは淳和《じゅんな》天皇です(『続日本後紀』承和七年〔八四〇〕年五月六日条)。廷臣のなかには天皇が陵墓を造らないのは例のないことであるとして、これに反対した者もいたのですが、結局、散骨が実行されました。散骨の趣旨は「薄葬」でした。また、墓を建てても、「人が死ぬとその魂は天に帰るので、墓は空になる。悪鬼がここに住みつき、崇《たた》りをなす」という理由からも、墓塚を造ることを禁じました。一般庶民の散骨については、『萬葉集』の挽歌にもうたわれ、古代ではそれほどめずらしい葬法ではなかったようです。また、遺骨を首飾りにする歌もあり、人骨への忌避感はそれほどでもなかったようです。現代の「手元供養」と称されるものと趣旨は似ます。散骨が行われた背景には、当時の遺体の放置状況も無視できないでしょう。路傍や野原に死体が置き去りにされ、白骨化したわけです。たとえば、『続日本後紀』巻十二の承和九（八四二）年十月十四日条に、京都鴨川などの河原で五千五百余頭のドクロを集めて焼いた、とあります。散骨は、また、仏教教理「諸行無常」と結び付いています。中国西域のキジル石窟に僧が白骨を観想する図があります（六世紀頃）。白骨観という修行で、世の無常を観じ、俗世への執着心を断つのですが、その修行伝統が日本仏教にも流れています（本書第二章参照）。人骨は単なる「骨」ではなく、解脱に至る仏教修行の媒体でもありました。

墓石を建てず、塚に植樹する風習はとくに本願寺の墓制に目立ちます。第二代宗主・善如、第八代宗主・蓮如、第九代、第十代、第十二代の墓所にも松または桜が植えられ、石塔は建てられませんでした。今日の樹木葬が本願寺の歴代宗主にみられるわけですが、昭和戦後の北陸地方でも、石塔を建てずに墓上植樹する民俗が残りました。この葬法も古層民俗といえます。さらに、梢付塔婆《うれつきとうば》を三十三回忌に墓所に立てる民俗がありますが、「霊魂の再生」を祈願する古層民俗で、墓上植樹と趣旨が共通すると考えられます。現代の樹木葬は「自然に還る」を標榜《ひょうぼう》しますが、生命の循環を意図するにしても、すでに火葬骨となったものを埋めるのでは、肉身を自然に還すほどには食物連鎖に役立ちません。しかも、「自然に還る樹木葬」を看板にしていても、遺骨を骨壺におさめて埋めるのでは、墓石を建てる従来の墓と基本はかわらず、看板倒れとなります。

古代・中世の庶民の葬送墓制に準じた葬り方を現代に置き換えて考えてみます。まず、場所は、都道府県知事に認可されている「墓地」に限られます。『萬葉集』を参考にすると、深山ではないが、人があまり立ち入らない里山の目立たない所にある墓地でしょう。かつて、庶民の多くは本格的な土葬・火葬にふせられず、風葬にちかい状態で葬られたようですが、風葬習俗が官憲によって禁止されたことは沖永良部島でみられました（明治十年）。現代では風葬は公衆衛生の観点から法規「墓埋法」に抵触します。また、たいていの墓地は土葬を禁じています。風葬・土葬がだめなら、火葬で骨化するしかないでしょう。現代では葬法に制約が多すぎます。

単純な遺棄にちかい風葬は遺骨だけが地表に散らばる結果になります。散骨がこれに似ます。ただし、散骨するにしても、淳和天皇《じゅんな》（八四〇年没）のように、現代では骨を粉砕しなければならないでしょう。『萬葉集』の挽歌でみると、古代の散骨葬では必ずしもそのような手間はかけなかったようです。

新しい葬送墓制の採用に消極的だった浄土真宗は古代の樹木葬を昭和戦後でも保持していました。現代の樹木葬は、必ずしも特定の宗派に限られず、常磐木を霊魂の永遠の依代とする伝統を引き継いでいる、と考えられます。しかし、墓石のかわりに樹木草花を植えただけでは、名ばかりの「樹木葬」です。「自然に還る」という趣旨が置き去りにされ、霊園業者の経営に利用される「自然葬」も報告されています。

どれほど立派な墓を築き、そこに納められても、「諸行無常」の法から逃れることはできません。

釈迦は墓を築く空しさを教えますが、たいていの人間は俗世への執着を断ち切れずにいます。蓮如上人の「白骨の御文章」が説くように、この世には頼るべきものは何もなく、死ねば白骨だけが焼き場に残されるだけです。「生命の循環」を願う自然葬は無力な人間のせめてもの抵抗でしょうか。白骨から何をどのように学ぶのかは次章の主題です。

なお、文亀元（一五〇一）年の年記がある「九相詩絵巻」（九博本）は、死亡してから死屍が腐敗・白骨化する九段階を絵・漢詩・和歌で表わしたものです（本書第二章で詳しく述べます）。その最終第九段に崩れた五輪塔と蔦に絡まれ傾いた卒塔婆が描かれ、その絵の上部に二首の和歌が書かれています。これらの和歌は墓（卒塔婆）を建てても、無常が避けられないことを詠んでいます。いずれすべてが塵と化すわけです。

『遊行上人縁起絵巻』の巻三第一段には、時宗の祖師・一遍が遊行中に野原で骸骨が累々ところがっているのを見たさいに詠んだ歌が三首のせられています（本書第二章の**【伝空海・蘇東坡《そとうば》作「九想（相）詩」とその後】**参照）。その第一首目「おしめども　つゐに野原に捨ててけり　はかなかりける　人のはてかな」が「九相詩絵巻」第四段「肪乱相」や第九段「成灰相《じょうかいそう》」の歌と類似するなど、『遊行上人縁起絵巻』の歌をうけている、と渡部泰明氏（「九相詩の和歌をめぐって」『説話文学研究』42、二〇〇七年）が指摘します。時宗関係の歌が「九相詩絵巻」の歌の源泉の一部を形成しているともいえそうです。一遍は捨聖《すてひじり》と称され、一切を捨て去り、宇宙の摂理と一体化することを願い、無常観の色濃い信仰を持ちました。

「九相詩絵巻」（九博本）の第九段の二首の歌をあげます。

かきつけし其名ははやくきえはてゝ　たれともしらぬ古卒塔婆かな

（〔大意〕書きつけた故人の名は早くも完全に消えてしまい、誰のものともわからない古い卒塔婆であることよ）

とり辺山すてにし人は跡たえて　つかにはのこる露のたましゐ

（〔大意〕鳥辺山に捨てられた人の痕跡もなくなり、塚にはすぐに消えてしまう露になった魂がのこるだけ）

第二章　白骨観の系譜

西域石窟寺院の不浄観・白骨観

本願寺第八代宗主・蓮如による「白骨の御文章」は人骨を法話の題材とします。焼場にころがる白骨を見て、遺族らはこの世の無常をかみしめ、死の現実を直視し、浄土往生を確信します。本林靖久氏（「真宗門徒の葬送儀礼――墓上植樹との関連から――」『宗教民俗論の展開と課題』、法蔵館、二〇〇二年、所収）は、浄土真宗は遺骸をすみやかに骨にすることにこだわる、と指摘します。調査地点の石川県河北郡津幡町種では、「真宗のアツアツ」という表現があって、葬式後にすぐにハイヨセ（これは「還骨法要」ともいう）を行います。火葬にはいって三～四時間たつと、燃えている中から頭蓋骨の一部を取り出し、半紙に包み、その遺骨を収骨器におさめ、骨壇の前で読経、最後に「白骨の御文章」を拝読するのだそうです。しかも、ハイヨセから忌明けの法要まで、法事が行われる毎に、「白骨の御文章」が拝読されます。遺骸が白骨になるということは不浄な現世から浄土への転換、つまり、死者の浄土往生を確認し、阿弥陀如来への報謝の儀礼（「白骨の御文章」拝読）をくりかえすことになります。

白骨観の仏教修行は長い伝統をほこります。最古の原始仏教聖典（阿含経《あごんきょう》）にまでさかのぼれます。この世は「苦」に満ちていて、その「苦」を乗り越えるのが仏教の課題ですが、「苦」の源泉がそもそも自分自身に発することを知らねばなりません。「不浄観」がそのような修行の一つです。仏教の初期段階から人間の不浄な様相を観じる修行が重んじられ、不浄を観じることで煩悩、とくに「貪欲」を断じます。その不浄は、具体的に肉体の諸要素が死後に腐乱していく九段階の相を観じることよって実感されます。最終段階では「白骨観」に到ります。青木清彦氏（「九相観の文学」『武蔵野女子大学紀要』11、一九七六年）は原始経典『法句経』（『ダンマパダ』）に九相の原型らしきものが散見できる、と指摘します。たとえば、第十一品「老いについて」で、不浄観、白骨観を述べるものがいくつかみられます――「〔148〕この肉体はやがて朽ちはてる。これは病気の巣立つ住所であり、いつ破られるかわからないものである。腐敗したこの身体は損い破り易く、生あるもの、帰着するはまことに死である」、「〔149〕秋の収穫の時にすてられた瓢箪《ひょうたん》のように、鳩のような灰色をしたこれらの骨を見て、吾らはどこによろこびがあろうか」（『法句経』友松圓諦〔訳〕、講談社学術文庫、289―290頁）。

中央アジアの新疆ウイグル自治区にあるキジル石窟は第一期の様式が紀元五百年前後の仏教遺跡

で、そこに描かれる禅定僧の図像は最も初期のものとされます（宮治昭『涅槃と弥勒の図像学』第Ⅲ部第二章「キジル第一期のヴォールト天井窟壁画」、吉川弘文館、一九九二年）。「白骨観」の修行にはげむ僧がここの壁画に描かれています。キジル第77窟（彫像窟）、第212窟（航海者窟）に髑髏を観想する禅定僧がみられます。また、ほぼ同時代（五〜七世紀）に属しますが、アフガニスタンのハッダのタパ・ショトル地下祠堂にも、白い骸骨像の左右に仏弟子が坐禅・観想している壁画がありま す。ただし、屍が腐敗・白骨化する過程は描かれず、白骨図だけが描かれています。宮治氏は、遺体がここにないことから、「不浄観」ではなく「白骨観」とします。〈図⑫〉〈図⑬〉

不浄観はたいてい九段階から成るので「九相観」ともいい、その最後の第九相が「白骨観」の対象

〈図⑫〉キジル第212窟（航海者窟）
（ベルリン国立アジア美術館蔵）

で、世俗の不浄世界から仏の聖なる世界へ転換するための観法と考えられています。宮治昭氏（『前掲書』４２３、４３０頁）によると、これらの白骨観想図には唐草模様のなかに世俗的な盛衰を暗示する要素が髑髏と共に散りばめられていることから、「植物の生命力をもとに人間の生の変貌を表わしたもの」と、推測します。あるいは、髑髏が描き込まれていることから、不浄界からの離脱を暗示するのでしょうか。すなわち、不浄観から観仏三昧に至る継起となるのが白骨観で、白骨観は不浄観から独立する傾向がみられる、とされます。宮治氏は「白骨観によって光輝に溢れる禅定の境域が達成される」とも言います（『前掲書』４２８頁）。なお、樹下の禅定僧が骸骨を観想する初期の白骨観はトルファン市郊外のトヨク第42窟にもみられます（トヨクの禅観洞窟壁画の成立時期は六～七世紀

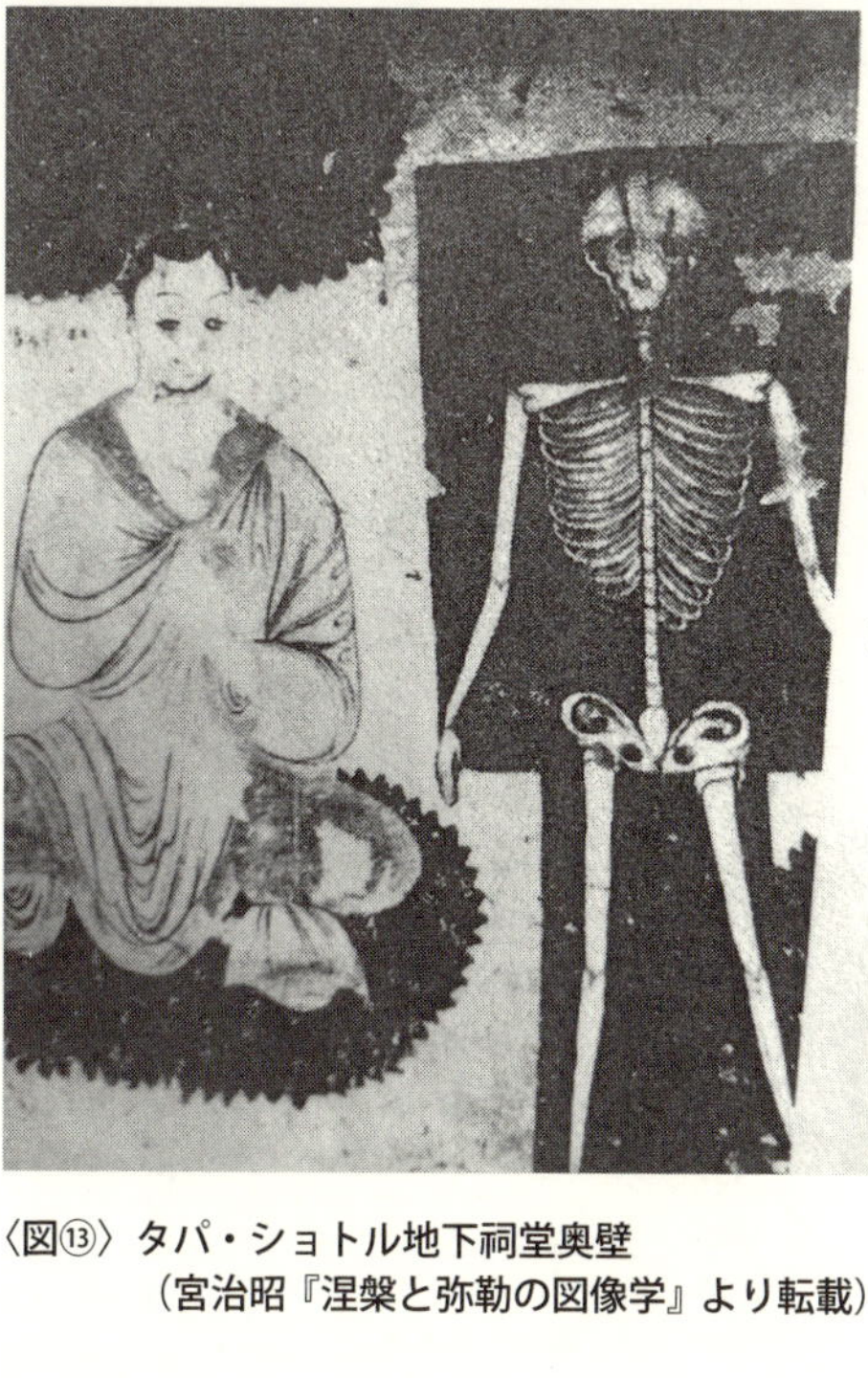

〈図⑬〉タパ・ショトル地下祠堂奥壁
（宮治昭『涅槃と弥勒の図像学』より転載）

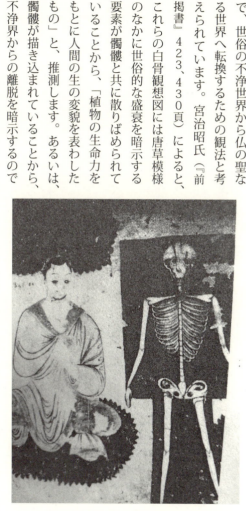

中頃と推定されます)。

宮治昭氏(『前掲書』430頁)は、トヨク第42窟の「小室内に、人体の左半分を肉体、右半分を骸骨にした白骨死屍を間において、二人の樹下の僧がそれを観想する場面を描いている」と、指摘します。不浄観と白骨観を併せ持つ構図です。この半身半骨の人体図像について、宮治昭氏(「トゥルファン・トヨク石窟の禅観窟壁画について」『佛教藝術』226号、一九九六年、52頁)は、半身が白骨であることを強調する描法が採られていることから、「行者が自身の肉体の部分を白骨と見る観想法と関係する」と、考えます。日本中世の禅林で活躍した夢窓疎石《むそうそせき》(一三五一年没)が、自ら九相図を描き、観想したところ、自分自身が骸骨のように見えた、とありますが、同じような観法だったのでしょうか。

トヨク石窟の第20窟下段に、不浄観の二図が残り、右図では、樹下で観想する僧に対峙して鴉が女性の死体の右ひじをついばんでいる図が描き込まれています(「前掲論文」50頁)。死屍を観想する図像です。九相観のうちの噉相《たんそう》を表わしているようです。「噉相」とは死体を鳥獣が争って喰う状態を表わします。左図は病人または亡くなって間もない死屍を表わしたものとされます。死体が膨《ふく》れ上がった肪脹《ぼうちょう》相でしょうか。このように、西域の石窟に不浄・白骨観の図が描かれたのですが、その伝統は中国南宋でも確認できます(板倉聖哲「東アジアにおける死屍・白骨表現」『死生学』4、東京大学出版会、二〇〇八年、所収)。〈図⑭〉〈図⑮〉

〈図⑭〉「九相詩絵巻」（大念佛寺蔵）第六段「食噉相《しょくたんそう》」

〈図⑮〉「九相詩絵巻」（大念佛寺蔵）第二段「肪脹相」

シルクロードの仏教遺跡で、僧が観想する狭い房室にこうした図画が描かれることが多いことから、「観想の補助具としての図像であった可能性」を山本聡美氏（「日本における九相図の成立と展開」『九相図資料集成』、岩田書院、二〇〇九年、所収）は指摘します。つまり、本物の死屍にかわって観想の補助具として用いられた図像であろうとのことです。ただし、日本の中世で制作され、現存する「九相図」の多くは絵巻であって、掛幅形式ではありません。問題は絵巻ではこれを見ながら観想することが困難であることです。観想の補助道具として絵巻が制作されたとは考えにくいわけです。これについては山本聡美氏（『九相図をよむ』第四章）が検討を加えています。なお、すでにふれましたが、『続群書類従』九輯下、巻第233に所収されている『夢窓国師年譜』の正応元（一二八八）年条に、臨済宗の僧・夢窓疎石（一二七五—一三五一）が十四歳で九相図を描き、これを壁に掛けて観想したところ、自分の姿が骸骨にほかならなかった、とあります。夢窓は掛軸を壁に掛けて観想したわけです。その後、樹下や閑居でひとり座って心を澄まして観想したところ、同じ相が見えた、とあります。

林雅彦氏（「絵解きとは」『絵解き万華鏡』三一書房、一九九三年、9—10頁）は、十三世紀頃から、寺社が縁起絵巻によって「絵解きに近い唱導」を行い、室町期では、寺社の内部だけでなく貴紳の邸内でも絵巻をもちいて絵解きが行われた、と考えます。さらに、「寺社の縁起絵は、同一内容を有する絵巻と掛幅絵とがともに伝わっている場合もある」とし、「対象となる人々の階層や人数・

場所などの諸条件に応じて、両者を使い分けていた」ことから、掛軸が庶民の教化・宣揚の場で使われ、絵巻よりも損傷などにより散逸する場合が多い、と推察します。掛幅と絵巻は使用目的がちがうだけでなく、大衆を相手にする掛幅形式の九相図は、絵巻とくらべ、後世に残りにくい条件にあったのかもしれません。上流階級の邸宅内に秘蔵される絵巻は散逸の危険は少なかったでしょう。絵巻は、観想の補助具というよりも、邸宅内で上流階級が無常観などの仏教思想を学ぶためのものでもあった、と思われます。なお、めずらしい例ですが、絵巻（『道成寺縁起絵巻』）を大衆相手に絵解きすることが和歌山県川辺町の道成寺でみられます（林雅彦〈編〉『絵解き万華鏡』口絵）。〈図⑯〉

シルクロードの仏跡に話を戻すと、トヨク禅

〈図⑯〉道成寺での絵巻の絵解き（林雅彦『絵解き万華鏡』口絵より転載）

観石窟の第20窟、第42窟には、不浄観想図と浄土観想図がともに描かれています（宮治昭「前掲論文」68頁）。ただし、不浄観想図はめずらしく、トヨク壁画にわずかに残るとされます。トヨク浄土観想図は、宮治昭氏（「前掲論文」69―70頁）によると、『観無量寿経』に説かれる精神統一を要する定善《じょうぜん》観法と密接な関係を持つものの、「特定の経典に基づいてそれを絵画化、図像化したものではなく、禅定・禅観の実践が行われていたその伝統を強く反映したものといえる」と、されます。浄土観想図には禅観僧が樹下で禅定印を結ぶ姿で描かれています。さらに、第1窟、第20窟、第42窟の正壁に格子状の紋様が四十九区画にわたって繰り返し書かれ、それ自体、行者の観想実践に役立つ浄土図であった、と推測します（71頁）。

九相観の実践について、必ずしも室内に坐禅して行うだけでなく、まず、墓地に赴いてその場で行うことが求められます。玄奘三蔵（六〇二―六六四）が漢訳した『大毘婆沙論《だいびばしゃろん》』巻第四十に「行者はまず墓地で屍の青瘀《しょうお》相を観察し、よくその相を摂取し終われば、その場を退いて一所に座し、重ねてかの相を観想する。もし心が乱れて不明瞭になれば、また墓地に行って前と同じように観察し、よくその相を摂取するべきである（原漢文）」と、実物を目にして観察したうえで、死体のイメージを脳裏に刻みつけることが求められました（「青瘀相」については、次項参照）。

天台智顗の九相観

中国の隋代で天台教学を樹立した智顗《ちぎ》（五三八―五九八）は、止観行（禅定・瞑想の修行）を講説する『摩訶止観《まかしかん》』（巻第九の上）で、九相観を次のように説明します。

①脹相《ちょうそう》

これらの死屍は、顔色は暗黒なり、身体は硬直して、手足は散った花のようにあちこちを向き、皮袋に風をふくませたように膨張し、九つの孔から汚物が流れ出し、はなはだ穢れて醜悪である。行者はみずから思うに、わが身もこのようなもので、いまだ愛着を断てない愛人も同じように見える。この相を見れば、煩悩に乱れる心も少しばかり定まり徐々に落ち着く。

②壊相《えそう》

たちまちにこの膨れた死体が風にふかれ、日にさらされて、皮肉が破壊し、身体が裂け、色形が変わり、ついに誰なのか識別できなくなる。

③血塗相《けつずそう》

裂けたところに血が中から出て、溢れ、あちこちに飛び散り、所々を斑に染め、地面にしみ込み、悪臭を放つ。

④膿爛相《のうらんそう》

膿み爛《ただ》れ、ただれくずれる死体は、火のついた蝋燭のように、肉がとけて流れる。

⑤青瘀相《しょうおそう》
残った皮や余った肉が風・日に乾き、あぶられ、臭く腐敗し黒ずむ。半ば青く、半ば傷んで痩せて皮がたるむ。

⑥噉相《たんそう》
この屍が狐、狼、鵄《とび》、鷲にくらわれるのを見る。肉片が争って奪われ、引き裂かれてばらばらになる。

⑦散相《さんそう》
頭と手が異なる所にあり、五臓が散らばって、もはや、まとまらない。

⑧骨相《こつそう》
二種の骨を見る。一つは膿膏を帯び、一つは純白で清浄である。ある場合は一具の骨で、また、ある場合は散乱している。なお、不壊法《ふえ》の人の観想はこの骨相までに限られる。

⑨焼相《しょうそう》
（説明なし）

『摩訶止観』では、不浄禅（観）の「九想」に「壊法《えほう》」と「不壊法《ふえほう》」があり、壊法の人は①脹相から、⑨焼相まで、すすむが、この人は「ただ苦を断ぜんことを求めて骨人を焼滅する」（岩波文庫、下、

261頁）ので、不浄禅としては不完全・劣等のもの、とされます。これに対し、不壊法の人の九想観は①脹相から出発して⑧骨相にとどまり、焼相にすすまないので、一切の功徳を具足し、解脱できる人となる、とします。かくして、九相観によって得られる功徳は愛欲からの離脱です。⑨焼相は、死屍の不浄が最終段階を過ぎて浄化される相を指すので、もはや不浄観とはいえないものでしょう。ここでは不浄観の苦しみがもはや消え去ったともいえるでしょう。

中国では九相観図そのものの作例はみられないようですが、経典などに基づき、九相観の修行を主題にした漢詩が作成されています。たとえば、唐代の包佶《ほうきつ》（八世紀頃）に「観壁画九想図」と題する七言絶句があり、その第三・四句「夜闌《ふけ》鳥鵲相争処　林下真僧在定中」（〔大意〕夜ふけ鵲《かささぎ》が相争う所で、真僧が林下で禅定にふけっている）には、鳥によって死体が食われる様相を修行僧が見ている図が壁画に描かれている、と推測できます（板倉聖哲「前掲論文」）。九相観の⑥噉相です。さらに、中国では現存作品は少ないものの、南宋の鐃節《にょうせつ》による「題骨観画」という詩文などから、金・元に至るまで「死屍・白骨観想図」が描き続けられた、と板倉氏はみます。

莫高窟で発見された敦煌出土文書にも「九想観詩」がいくつか含まれています。その内の一つ、フランス国立図書館所蔵の「九想観詩」写本（ペリオ〔4597〕）の内容を、山本聡美氏（『九相図をよむ』）の解説によって紹介します。天台智顗に代表される「九相」の解説に先だって、仏教の「生病老死」の「四苦」にあてはまる六相がはじめに提示されます。

まず、①「初生想」で、誕生を人々がこぞって喜ぶ有様が述べられます。②「童子想」で、幼童が成長する様が示されます。③「盛年想」では、三十歳で紅顔の盛りの少年になり、意気は英雄のごとく文武は完全、栄華を極め、多くの妻妾が目前に満ちている、とされます。④「衰老想」で、歳を重ね、虚弱な体質で晩年をむかえます。骨が尽き筋もかれ、皮肉は衰え、かつての紅顔にはしわが無数に刻まれ、十歩を行こうとすれば長々と息が切れてしまう。⑤「病苦想」で、四肢が動かず、重い病気にかかり、日夜疲れ切って苦しみが多くなる。百味を目前にしても食欲がなく、業が集まった結果に処置なしとなる。⑥「死想」で、平生は喜んで抱擁した妻妾も、死んだものを恐れない者などいない。家中に慟哭の声が四方に聞こえ、葬るために墳丘の塚に送り出す。

「生病老死」の後に、『摩訶止観』の脹相に対応して⑦「膖《ぼう》脹想」が、次に壊相、血塗相、膿爛相、青瘀相、噉相、散相に対応する⑧「爛壊想」が述べられ、最後に⑨「白骨想」が置かれます。それぞれの相を説明する詩句は肉体の不浄というよりも諸行無常を強調しています。たとえば、「膖脹想」では、「かつての紅顔はもはやない」と書かれています。また、「白骨想」で、「骨が銀のようになる頃は、一族がすべて死に尽きてしまい、日ごとに雑草に埋もれてしまう」と、あります。このように不浄から無常へ重点が移動した理由は、不浄観が修行者自身の悟りを目的にするのに対し、在家者にとって共感の得られやすい無常という文脈へ展開したという事情があるとされます（山本聡美『前掲書』49頁）。浄土真宗の第八代宗主・蓮如の「白骨の御文章」にも、『存覚法語』とくらべて、そのような変化がみとめられます。

『存覚法語』の不浄観と「白骨の御文章」の無常観

存覚は、すでに本書第一章の【「白骨の御文章」】でふれましたが、浄土真宗の第三代宗主・覚如の長子で、本来なら第四代を継職するべき学識をもっていました。ほぼ同時代の夢窓疎石が正応元（一二八八）年に九相観の修行をしたという記録があり、存覚が『摩訶止観』の九相観について知識をもっていたと考えても、おかしくありません。たしかに、存覚は『存覚法語』で人間の不浄を三種に分け、「種子不浄」「自体不浄」「究竟《くきょう》不浄」と名付けていますが、この分類は天台智顗『摩訶止観』（巻第七の上）のものとほぼ同じです。「種子不浄」とは、栴檀《せんだん》の種・蓮華の茎からではなく、穢れた肉体の和合から生じた存在であることを意味します。「自体不浄」とは、人間の肉体の不浄を指します。「（大意）たとえ海水をかたむけて、これを洗っても、自体の不浄は清められない」と、『摩訶止観』の文言を引用します。「自体不浄」は『摩訶止観』の「自相不浄」と「自性不浄」を一つにしたものでしょう（両者は区別しにくいのですが、前者は表面に現れた不浄の相、後者は不浄の性質でしょうか）。以上のほかに「生処不浄」（胎内の不浄）があって、全部で「五種不浄」と呼びます。「究竟不浄」について、天台智顗『摩訶止観』は「（大意）いったん命終われば、生前の仮の姿はもとに還る」と言い、肉体が腐乱して白骨となることを指して「究竟不浄」と名付け、『存覚法語』

もそれにならいます。ここで、蓮如の「白骨の御文章」と重なる表現がみられます。『存覚法語』では、「究竟不浄といふは、ふたつのまなこたちまちにとち、ひとつのいきなかくたえぬれは、日かすをふるまゝにそのいろを変し、次第にあひかはるに九相あり（大意）究竟不浄では、二つの眼がたちまち閉じ、一つの息が長く絶えてしまうと、日数を経るにしたがい、肉体の色が変わり、順々に九相になる）」と、九相の変化を導入しますが、蓮如では「ふたつのまなこたちまちにとち、ひとつのいきなかくたえぬれは」だけが抜き出されています。この部分は九相観の「新死相」にあたります（伝空海作「九想詩」の第一相で、死亡直後の相）。ところが、蓮如では第二「（肪《ぼう》）脹《ちょう》相」から第七「散相」までが無視されています。つまり、最初と最後だけが取り上げられ、九相観は実質的に勧められていません。中間段階をカットすることで、無常観を際立たせているわけです。しかも、蓮如は、九相観に必須の「野捨て」を選ばず、火葬に付すことを前提にして「白骨の御文章」を仕上げています。

『存覚法語』は火葬では九相観の修行はできず、白骨だけを見て、九相の実態を見なければ、鈍感な心に訴えることはない、とします――「しかれとも、すなはち野外にをくりてよはのけふりとなしぬるには、九相の転移をみす、たゝ白骨の相をのみみれは、たしかにそのありさまをみぬによりて、おろかなるこゝろにおとろかぬなるへし（大意）そうとはいえ、すぐに野外の火葬場に遺骸を送り、夜の煙としてしまえば、九相の変化は見えず、ただ白骨の相だけしか見ないので、たしかに九相の有様を見ない。だから、鈍い感性の人ならとくに心をうたれることもない）」。そこで、存覚は野捨てにしてからの九相を次のように説明します――「たまく郊原・塚間《ちよけん》をすくるに、をのつからその相をみるときは、一念なれとも、しのひかたきものなり。紅顔《こふかん》そらに変して桃李《とうり》のよそほひをうしなひぬれは、たちまちに胮脹《ほふちやう》爛壊《らんえ》のすかたとなり、玄鬢《けむひん》身をはなれて荊棘《けいきよく》（イバラ類）のなかにまつはれぬれは、烏犬噉食《ようけんたんしき》のこえのみあり。あるひは爪髪《そうほち》分散してこゝ、かしこにみてるところもあり、あるひは手足《しゆそく》腐敗して東西《とうさい》にちれるところもあり。まことにこれ不浄の究竟するところ、そもくまた有《う》待《たい》のしからしむるきはまりなり（〔大意〕偶然、野原・墓地を通るとき、たまたまその九相を見るときは、短い瞬間でも耐え難いものである。紅顔がむなしく変わって桃李の色を失ってしまうときには、たちまちに身体が膨れ上がり、腐乱した姿となり、黒髪が身を離れて棘の中にからまるようになれば、烏や犬が争って喰う鳴き声だけが聞こえる。爪や髪の毛があちこちにいっぱい分散しているところもあれば、手足が腐って東西にちらばっているところもある。本当に、これこそ不浄の究極というものである。それにしても、人の肉体は必然的にそうなる極まりなのだ）」。

上記『存覚法語』から、「紅顔そらに変して桃李のよそほひをうしなひぬれは」を、「白骨の御文章」に採り入れてはいるものの、蓮如はそれ以下の九相描写を無視します。実は、その部分こそ存覚が重視したところです。前述したように、蓮如が火葬を前提にしていることは重要です。火葬の結果生じる「焼骨」は不浄と思われず、むしろ「成仏」の標とされるので、「不浄観」の対象としては適さないことになり、白骨によって蓮如が「無常観」を強調したのは自然です。西域のシルクロード遺跡の壁画でも、不浄観から観仏三昧に至る継起となるのが白骨観で、不浄観から独立する傾向がみられるのだそうです。すなわち、白骨は「光り輝くイメージで捉えられている」(宮治昭「前掲論文」52頁)わけで、白骨が不浄のものとはみなされていません。

なお、平安時代末期の『小右記』などの記事によると、白骨となった骨は「穢れ」とはされず、湿気を帯びたものは死後三十日以内の骨であると判断されるので、「穢れ」が懸念されたそうです(山本幸司『穢と大祓』増補版、解放出版社、二〇〇九年、23―24頁)。宮廷貴族階級にとって、枯れた白い骨は「穢れ」とはならなかったとのことです。火葬による焼骨が不浄とされないのは、平安時代の「穢れ」の判断を継承している面があるのかもしれません。

『存覚法語』では、智顗『摩訶止観』の九相観に準じ、「(膖)脹相」「膿爛相」「壊相」「噉相」「散相」などが述べられます。「究竟不浄」を脱する方策として、存覚は「もし浄刹《しやうせち》にいたらすは、いかてかこの不浄の性をあらたむることとあらんや(〔大意〕もしも浄土に往けないのなら、どのようにこの不浄の性質を改めることができるだろうか)」と、浄土往生をあげていますが、九相観に執着しているようにみえることからも、存覚が天台浄土教の諸行往生の方向に片足をかけているように思えます。存覚にはそのような傾向があり、覚如から義絶された理由の一つと指摘されています(重松明久『覚如』11)。蓮如の「白骨の御文章」は、『存覚法語』から天台浄土教的要素を除去したものといえるでしょう。

浄土真宗は中世後期から教勢を著しく強め、現代でも旧仏教体制のなかで信者・所属寺の数がもっとも多い教団といえます。浄土真宗では葬儀で「白骨の御文章」が必ずといっていいほど拝読され、これを耳にする門信徒は少なくありません。つまり、仏教修行の不浄観は衰退したとしても、白骨を媒体にした「無常観」の教えの流れは「白骨の御文章」拝読をつうじて現代でも途切れてはいないでしょう。ただし、蓮如の文章は若い人には難解であるとの危惧も否定できません。また、僧侶の解説が求められるのですが、葬儀場では時間的にそれが許されるかどうかという問題もあります。

他方では、九相図は江戸時代には掛幅形式で制作され、これを壁に掛けて絵解きされました。京都市の西福寺、江南市前飛保の曼荼羅寺が絵解きで有名です。前者では「檀林皇后九相観図」を精霊迎《しょうろうむかえ》の八月に住職らが絵解き（一九九三年当時）、後者では「小野小町九相図」が昭和十年代まで絵解きされました（林雅彦〈編著〉『絵解き万華鏡』236―237頁）。明治以降、絵解きの凋落は著しく、かつて「六道絵」の絵解きでにぎわった聖衆来迎寺ですら、戦後には衰退し、「後継者難から昭和四十年代中頃には、廃絶せざるを得なくなってしまった」（林雅彦「六道繪相畧縁起」『絵解き台本集』伝承文学資料集　第十一輯、三弥井書店、一九八三年）という状況です。絵解きが仏教の唱導に利用される時代は過ぎ、今日では美術品として鑑賞されるにとどまり、一般庶民への布教手段としてはその機能をほぼ失ったといえます。したがって、葬儀で「白骨の御文章」を拝読することでしか、九相観を媒介に世の無常に思いを致す方策は残されていないのではないでしょうか。しかも、蓮如は九相観から不浄相を削除し、最終相の「白骨」に焦点をあわせ、無常観を強調します。「白骨の御文章」に不浄観を求めることはできません。

仏教の「不浄観、白骨観（無常観）」は内面の浄化をめざす修行で、墓地で実際にこのような修行を行うことが勧められました。たとえば、腐乱死体などの不浄物は修行の材料で、「穢《けが》れ」とはみなされず、修行者は穢れに汚染されることはありませんでした（墓地での不浄観については、本書第三章の【『閑居友』】上、一九、参照）。また、鎌倉時代初期には「往生人に死穢なし」という発想が浄土門にひろがり、念仏者はすべて極楽往生するので穢れはない、と考えられました。葬儀で死穢にふれざるを得ない僧侶を「穢れ」から守る発想は鎌倉時代の律宗僧・叡尊《えいぞん》（一二〇一－一二九〇）の教団にもみられます。すなわち、厳しい戒律を日々行っている功徳によって、死穢から守られているという「清浄の戒は汚染なし」の論理です。このように、鎌倉期には死穢を恐れず葬儀に従事する仏教教団が活躍しました（松尾剛次『葬式仏教の誕生』平凡社新書、二〇一一年、95－106頁）。かれらは官僧寺院から離脱した遁世僧《とんせいそう》で、清浄を旨とする官僧にはうとまれ、さげすまれました。

「不浄物」と「穢れ」は別次元のものと考えなくてはならないでしょう。「穢れ」は閉鎖的な空間にある具体的な「不浄物」と接触することで生じ、神が嫌うと信じられるもので、人から人へ、また別の場所に感染することから、「不浄物」そのものと区別され、一定期間、精進潔斎することで祓え清めることができるとされました。また、「穢れ」は宗教・呪術的な観念で、『延喜式』などで制度的にこまかく規定されていました。平安時代では、着座しないで立ったままであれば伝染しないといった触穢防止法が知られていました（山本幸司『前掲書』86－88頁）。

神は穢れを嫌い、触穢のせいで神が怒ると、共同体に災厄がもたらされると恐れられました。現代では神観念が衰退したせいで、「穢れ」の意識が弱まり、「不浄物」との区別があいまいになったように思われます。また、火葬の普及で、遺体を「不浄」とみなす意識も弱まりました。

以上の「穢れ思想」は外部から強制された制度という側面が強いのですが、他方では、源信僧都の『往生要集』に書かれている人間の「不浄相」が人間の内面から発するものであるという思想がひろまったことから、中世人は「外の穢れ」と「内の不浄」に挟まれて生きることになった、と横井清氏（「中世の触穢思想――民衆史から見た」『中世民衆の生活文化（下）』講談社学術文庫、二〇〇八年）は指摘します（「不浄相」については、本章の**【源信の『往生要集』と九相図】**参照）。

正倉院文書と敦煌出土文書の九想観詩

九相観が日本に伝播した経路は、経典と漢詩とされます。漢詩については、奈良時代、正倉院文書に聖武天皇の直筆による九相詩の写しがみられます。天平三（七三一）年九月八日の年紀が記され、「奉王居士請題九想即事依経摠為一首」と題する九相詩です。山本聡美氏（『前掲書』50－51頁）の解説・

現代語訳に基づき、九相および「四苦」を含む部分をまとめると、「第一童子時」「第二壮年時」「第三老時」「第四病時」「第一初死時想」「第二青瘀想」「第三噉残肉想」「第四瘀想」「第五筋骨相連想」「第六白骨離散想」「第七…第九成塵想」という構成になります（第七想と第八想の名称は欠けています）。

正倉院文書の第一時から第四時までの生前相は、敦煌出土文書のポール・ペリオ収集の九想観詩にもほぼ共通するものがあります（川口久雄「敦煌本歎百歳詩・九想観詩と日本文学について」『内野博士還暦記念　東洋学論集』一九六四年、所収）。没後の九相については、正倉院文書が敦煌出土の九想観詩よりも詳しく、敦煌本の四相に対し、正倉院文書は第七・八相を除いた部分を列挙します。第七・八相は「白骨相」にあたると思われます。第九の「成塵相」とは白骨が塵のごとく周囲の土に同化し、墓標の刻印も消えてしまう状態でしょう。後代で、最終相を「成灰相」とする九相詩絵巻（九州国立博物館本、文亀元〔一五〇一〕年銘）もあります。なお、正倉院文書では、九相詩につづき「観白骨歎無常」と題する無常観の五言絶句が書かれています。ここでも、紅顔がたちまちに白骨と化すことを嘆く無常観が九想観詩の主題と意識された、と思われます。

辰巳正明氏（「山上憶良と敦煌詩――九相観詩との関係から――」『國語と國文学』二〇一〇年、第八十七巻第七号）は、敦煌出土の九想観詩には「生身九相観詩」と「死身九相観詩」が一連のものとして詠まれるものがあり、この「生身九相詩」が山上憶良や正倉院文書「九相詩」の死生観に通底することに注目します。天平三年にさかのぼり、「生・死九相詩」が日本に定着していた可能性があるようです。空海・蘇東坡作と伝えられる九想（相）詩は十一世紀以降に成立し、「死身九相」に限定されます。

仏教の教理「諸行無常」が日本に浸透したのは、正倉院文書からみても、八世紀にさかのぼれます。また、『萬葉集』巻第五〔804〕の山上憶良《やまのうえのおくら》の長歌「哀世間難住謌」（世間《よのなか》の住《す》み難きことを哀《かな》しぶる歌）にも、無常観が色濃くみられます。遣唐使として在唐していることから、憶良が敦煌文書の九想観詩や「百歳篇」の無常観の影響を受けたらしいこと、さらに、聖武天皇直筆の正倉院文書『雑集《ざつしゅう》』と憶良のつながりが指摘されます（辰巳正明「山上憶良と九想観詩」『国学院雑誌』第110巻第四号、二〇〇九年）。「百歳篇」は人生の無常を十年刻みに詠みます。山本聡美氏（『前掲書』58頁）は、憶良の歌に「無常という主題が漢から和へと翻案されていく過程をみることができる」と、します。敦煌出土文書の無常観が和風に変わったという認識です。

憶良は「哀世間難住謌」の序文で、まず、「八大辛苦」（四苦八苦）が集まりやすく、排除しにくいこと、逆に人生の悦楽が遂げにくく、尽きやすいことを、述べます。ついで、紅顔の娘たちも花の盛りをとどめきれず、黒髪に霜がふり、顔にシワが寄る。若者も同じである。娘子と添い寝した日がいくらもないうちに、杖を腰にあてがい、行くところごとに人に嫌われる老人となる、と敦煌文書「百歳篇」や「九想観詩」の無常観と似た内容が書かれています。辰巳正明氏（前掲論文）は、敦煌出土文書の生身九相詩が山上憶良の「哀世間難住謌」にみられる世俗的無常観につながることに着目します。経典ではなく世俗の歌にこの無常観が詠われたことで、一般庶民へも文芸というかたちで無常観が普及することになった、という見方もあります。説話文学のうち九相観説話を含むのは、『今昔物語集』が初期のもので、十二世紀後半に『宝物集《ほうぶつ》』などの仏教色の濃い説話集が編纂され、ついで、不浄・無常観が露骨に表現される『閑居友』などの説話集が鎌倉時代、室町時代にみられます。

源信の『往生要集』と九相図

日本仏教の流れは大きく二つに分かれます。はじめに導入されたのは「聖道門《しょうどうもん》」の教えです。この世で修業を積んで悟りを開く教えでした。これは「自力の行にはげむ聖者《しょうじゃ》の道」であることから「聖道門」と呼ばれます。後に、紀元一世紀から五世紀にかけて、浄土門（教）が台頭します。浄土教は、浄土三部経をよりどころにして、阿弥陀仏の極楽浄土に生まれ、来世で悟りを得ようとします。この教えは日本では平安時代中期以降に盛んになります。この頃、正法・像法・末法の三時代のうち、末法の時代に入ると、「教・行・証」のうち、「教え」だけが残り、いくら修行しても証「悟り」も得られず、社会も混乱するという考えが浸透します。

このような時代観を背景に、阿弥陀仏の願力によって浄土に往生しようという機運が高まりました。この「願力」とは、阿弥陀仏が衆生を救う願を立て、それを成就したと『無量寿経』に説かれているのですが、その願いの救済力を指します。「本願」の「本」とは「重要な、根本的な」という意味です。末法の世でもあり、現世での成仏をあきらめ、本願力を信じ、浄土に往生して来世で成仏することをめざすわけですが、とくに、本願力への信心を重んじます。ただし「信心」だけでは浄土往生が保証されず、様々な修行がもとめられました。その修行の代表が「念仏」ですが、「念仏」とは「仏を念ずること」で、必ずしも声に出すとは限りません。仏や浄土の好ましい姿を心に念じる「観想」の修行についてはすでに本章冒頭のトヨク石窟の壁画（浄土観想図）に関連して述べました。「念仏」の他にも伝統的な万善諸行（すべての善行）によって往生しようとする立場が根強くありました。

比叡山延暦寺の天台宗は「諸行往生」の色彩が強く、天台宗から距離をとった法然、親鸞は往生の行は念仏に限るという「専修念仏」の立場です。その念仏も口に出す「口称念仏《くしょう》」が重んじられました。すでにふれましたが、本願寺第三代宗主・覚如は専修念仏を教化《きょうけ》することに力を注ぎましたが、その長子・存覚には「諸行往生」の傾向がありました。

存覚は、すでにふれたように、『存覚法語』で九相観によって人道の不浄（究竟不浄）を認識することの重要性を訴えますが、あくまでも、九相観は「聖道門の自力の行」で、浄土門ではありません。ところが、近世になると九相観が聖道門から浄土門へ近づきます。たとえば、九相観によって、この世の不浄・無常を知り、絶望して自ら命を断とうとした姉妹が発心して浄土門に入り「二人比丘尼」と呼ばれた、という物語があります。戯作者・山東京伝《さんとうきょうでん》（一七六一－一八一六）による『桜《さくら》

姫全伝《ひめぜんでん》曙草紙《あけぼのぞうし》』第一四「二人比丘尼発心記」（文化二〔一八〇五〕年刊行）です。

「二人比丘尼発心記」について、西山美香氏「檀林皇后九相説話と九相図」（『九相図資料集成』岩田書院、二〇〇九年、所収）にその概略が紹介されています。それによると、幼い姉妹が母の死体の九相に変化するのを観て、この世の無常を悟り、谷川に身投げしようとするのですが、その九相の描写がすさまじく、「七日目に行くと、髪は蓬のように乱れ、五体は青く腫爛、目の玉は烏に喰い出され、唇は腐り落ち、歯があらわれ…」という恐ろしげな光景でした。五七日に行くと、骨が散乱していました。そこに法然上人の弟子・常照阿闍梨があらわれ、身投げをおしとどめ、さらに、法然上人の弟子となり、剃髪黒衣に姿をかえて、専修専念の行者と成って、母の菩提を弔いなさい、と教化し、「檀林皇后のように九相を観念して素懐を遂げた例もあるのだ」と、説きます。

このように、九相観を継起に最終的には専修念仏の教門に入るという筋が成立したのは浄土教（浄土宗・浄土真宗）が広く定着した近世という時代を迎えたからでしょうか（檀林皇后については本章末尾であらためてふれます）。なお、文亀元（一五〇一）年（銘）の『九相詩絵巻』巻末に「これを見る者は必ず阿弥陀仏の名号を十遍唱えるべし」とありますが、この場合は、九相図が観想のために使われたというよりも、追善供養の性格が強くなったことが示されているようです。つまり「二人比丘尼」にみられるように、専修念仏の法門に発心して入る話の基盤となる庶民信仰がこの奥書に表われている、と思われます。十六世紀、一般在家に「名号を唱えれば浄土往生できる」という信仰がかなりひろがっていたのでしょう。浄土真宗本願寺の中興の祖とされる蓮如が教勢をひろめたのは十五世紀後半です。

ところで、比叡山で正統天台教学を極めた高僧・源信（九四二―一〇一七）が浄土教に傾倒し、阿弥陀仏を対象とする「念仏」を重視するようになったのは中年期だったようです。源信の念仏は基本的には「観想念仏」で、阿弥陀仏の名を声に出す「称名念仏」はどちらかといえば副次的な位置を占めていました。「観想念仏」とは、浄土三部経のひとつ『観無量寿経』に説かれている浄土往生の方法です。定善観法ともいいます。阿弥陀仏の好ましい身体特徴（相好）を心に描き、仏と一体化しようとするもので、この観想念仏を源信は高く評価します。ただし、口に出して称える「口称念仏」を無視せず、観想念仏ができないならば、口称念仏をするべきである、とします。なお、口称念仏はとくに臨終行儀で重んじられます。

壁画などを見て瞑想にふけり、悟りを得ようとする「九相観」にしても、『観無量寿経』の「観想念仏」にしても、絵画的なイメージを媒体にすることによって、別次元の理想世界に向かう修行方法であることに違いはありません。阿弥陀仏の来迎を演劇的に表わす「迎講《むかえこう》」を始めたのも源信です。視覚に訴えることで多くの人々を浄土教に結縁させました。

源信が日本浄土教の金字塔ともいうべき『往生要集』を完成させたのは寛和元（九八五）年、四十四歳の時でした。念仏によって浄土へ往生することを勧めているものの、「諸行往生」を否定しているわけでもなく、また、その念仏も「口称」と「観想」を含むものでした。『往生要集』の主旨は念仏往生にかかわる部分で、十門から成る全体のうち最後の七章を占めます。

最初の三章までは導入部です。第一章（大文第一）は「厭離穢土《えんりえど》」と名付けられ、さらに「地獄」「餓鬼道」「畜生道」「阿修羅道」「人道《にんどう》」「天道」「惣じて厭相を結ぶ」の七節に分けられます。「人道」は「不浄、苦、無常」から成ります。「不浄」は生前と死後に分けて述べられ、最後に、人道不浄を知ることの意義をまとめます。この不浄相を絵画化したのが聖衆来迎寺蔵の「人道不浄相図」です。『往生要集』の「不浄」の概要を題辞として画の右上にのせます。鎌倉時代中期十三世紀後半の作と推定されます。「人道不浄相図」は制作当時、三十幅あったとされる「六道図」のうちの一幅です。「六道絵」で現存するのは十五幅です。

まず、『往生要集』「人道」の「不浄」を現代語訳で示します（人体の不浄を解剖学的に説明する冒頭部分は省略）。

また、『僧伽吒経《そうぎやたぎょう》』に説く、「人がまさに死のうとするとき、色々の虫がそれを恐れ、互いに食い合うので、臨終の者は色々の苦しみを受け、看取る一族の男女はおおいに嘆き悲しむ。虫はともに食い合い、ついには二匹だけが生き残って、七日間死闘をつづけ、一方の虫は死に、他方の虫は生き残る」と。（以上は蛆《うじ》について）

また、たとえ上等の料理の百味を食べたとしても、一晩たつ間に、みな不浄になる。例えてみると、大小の汚穢がともに臭いように、この身もまた同じである。老若男女ひとりとして例外はない。海水を傾けて洗っても、清浄にはできない。外見は端正を装うとも、内部を見れば、もろもろの不浄を内包していること、きれいに彩色した瓶に糞などを盛っているのと同じある（『大智度論』『摩訶止観』などの意による）。だから、『禅秘要経』の偈に、「身はよく不浄なりとしれども、愚者はことさらに愛惜する、外貌のよさに目が奪われ、内の不浄を観ざるなり」と、ある。（以上は身体の不浄をあげた）

まして、命が果てた後は、墓場に棄てられる。一日か二日、あるいは七日を経ると、その身はふくれあがり、色は青くどす黒くなる。臭くただれ、皮はむけて、血膿が流れ出る。クマタカ・鷲・鵄《とび》・梟・狐・犬などの種々の禽獣が死体をつかみ裂いて、食い散らす。食い終わると、不浄にくずれ爛れ、無数の蛆《うじ》がその臭い所に群れ集まる。その醜怪なること死んだ犬よりもひどい。こうしてついに白骨となれば、節々がばらばらに分散し、手足・髑髏がそれぞれ別のところに分かれてしまう。風が吹き、日にさらされ、雨が降り、霜につつまれる。歳月が積み重なり、白骨は色が変わり、ついに腐り朽ちて粉々になり、塵や土と同化する。（以上は不浄の極まりで、『大般若経』『摩訶止観』などに書かれている）

まさに、この身が不浄以外のなにものでもないことを、知るはずである。愛し合う男女もまた同じである。智慧あるものならば、誰がさらにこの世の快楽に執着するだろうか。そこで『摩訶止観』では次のように言う。

この不浄の有様をまだ見なければ、愛着の思いはつよいけれども、いったんこれを見てしまうなら、すべての欲望はたちどころに消えてしまい、耐え難い思いとなる。糞を見なければ、飯がよく喰えるが、臭気をかげば、たちまちに嘔吐するようなものである。もしこの不浄の相を悟るならば、どれほど容姿端麗で、高き眉・翠《あお》き眼・白き歯・丹《あか》き唇であっても、一塊の糞の上を脂粉が覆っているようなもので、また、腐乱死体が仮に綾・絹を着けているようなものである。眼で見るだけでも嫌であるのに、まして近づくことができるだろうか。かつて身の不浄を知るにおよび、鹿杖《ろくじょう》という名のバラモンに頼んで自害して果てた者がいた、という伝説がある。まして口を吸い、抱き、婬楽することがあってよいだろうか。身の不浄をこのように知ることは、婬欲の情に溺れる病気の大黄湯《だいおうとう》の薬である。

『往生要集』が述べている「九相」部分は簡略です。墓場に棄てられる部分は「新死相」、次に七日後の「脹相」、さらに「青瘀相」「膿爛相」、禽獣に食われる「噉相」、白骨と化す「散相」、塵・土に同化する「骨相」などが書かれていますが、九相をはっきり分けて詳しく説明していません。『往生要集』を主な材料として「人道不浄相図」が描かれたとは考えにくいわけです。「人道不浄相図」

の絵相は、『往生要集』ではなく、むしろ智顗『摩訶止観』（巻第九の上）を参考としたらしいのです。

〈図⑰〉〈図⑱〉（次頁）

「人道不浄相図」では、九相が右最上部からほぼジグザグ状に下って配列されています。これを『摩訶止観』の内容に対応させることができます。「人道不浄相図」の第一段「新死相」は『摩訶止観』には書かれていないのですが、九相を説明する前文「坐禅のなかにおいてたちまちに死屍が地にあるを見る」がこれに当たり、「慈父も孝子もあい代る者なし」と死の冷厳さを説き、「九相」の起点として導入します。つまり、『摩訶止観』では、九相は「脹相」から始まりますが、「死屍は九の数にあらずといえども、これ諸想の本なり」として、「脹相」以前の状態を考慮しています。「人道不浄相図」の第一段「新死相」の絵相では、身体の色がまだ変わらずにいます。死相が進行した印象も

〈図⑰〉「人道不浄相図」（聖聚来迎寺蔵）
（摸本、上段、1822 年　制作）

強くありませんが、薄縁《うすべり》の上に置かれた若い女は打掛《うちかけ》がはだけ、右肩をおおきくむき出しにしています。左足も膝から下を見せています。死亡していることから、もはや見繕いに神経が働いていないことを示しているのでしょうか。ただし、ここでは死屍が戸外に置かれているわけで、風によって乱れたものと考えられるでしょう。はだけたまま、あられもない姿をさらしています。薄縁のそばに供養のための盃状の器が描かれていることから、衣服の乱れは供養の人が来なくなってからやや時間が経っていることを示しています。十四世紀前半に成立した絵巻「九相図巻」（九州国立博物館蔵）もほぼ同じ絵相です。ただし、後者では「上畳《あげたたみ》」が描かれていません。また、背景が描かれていないので、戸外か室内かは不明です。そのような違いを考慮しても、両作品には共通の祖本があった可能性は否定できないでしょう。なお、後代の九相図は、貞享五（一六八八）年の銘がある

〈図⑱〉「人道不浄相図」（聖聚来迎寺蔵）
（摸本、下段、1822年　制作）

「九想観法図絵」を除き、たいていは高貴な女性が、侍女にかしずかれ、贅沢な寝具をかけられて死亡している絵相です。腐敗・白骨化の状態との激しい落差を表わそうとしたのでしょうか。〈図⑲〉

『摩訶止観』では、第二段以下の相がまとめて説明されます。第二段「脹相」、第三段「壊《え》相」、第四段「血塗《けつず》相」、第五段「膿爛《のうらん》相」、第六段「青瘀《しょうお》相」、第七段「噉《たん》相」、第八段「散相」、第九段「骨相」の順序です。なお、『摩訶止観』の「骨相」には二種があります。「二種の骨を見る、一は膿膏を帯び、一は純《もっぱ》ら白浄なり。あるいは一具の骨、あるいは聚落に遍ず」と説明します。骨には純白なものと、まだ膿膏《のうこう》（うみ・あぶら）がこびりついたもの、また、一具にまとまったものと、ばらばらに村のまわりにちらばったものがある、というわけです。「人道不浄相図」の骨相は純白で散乱

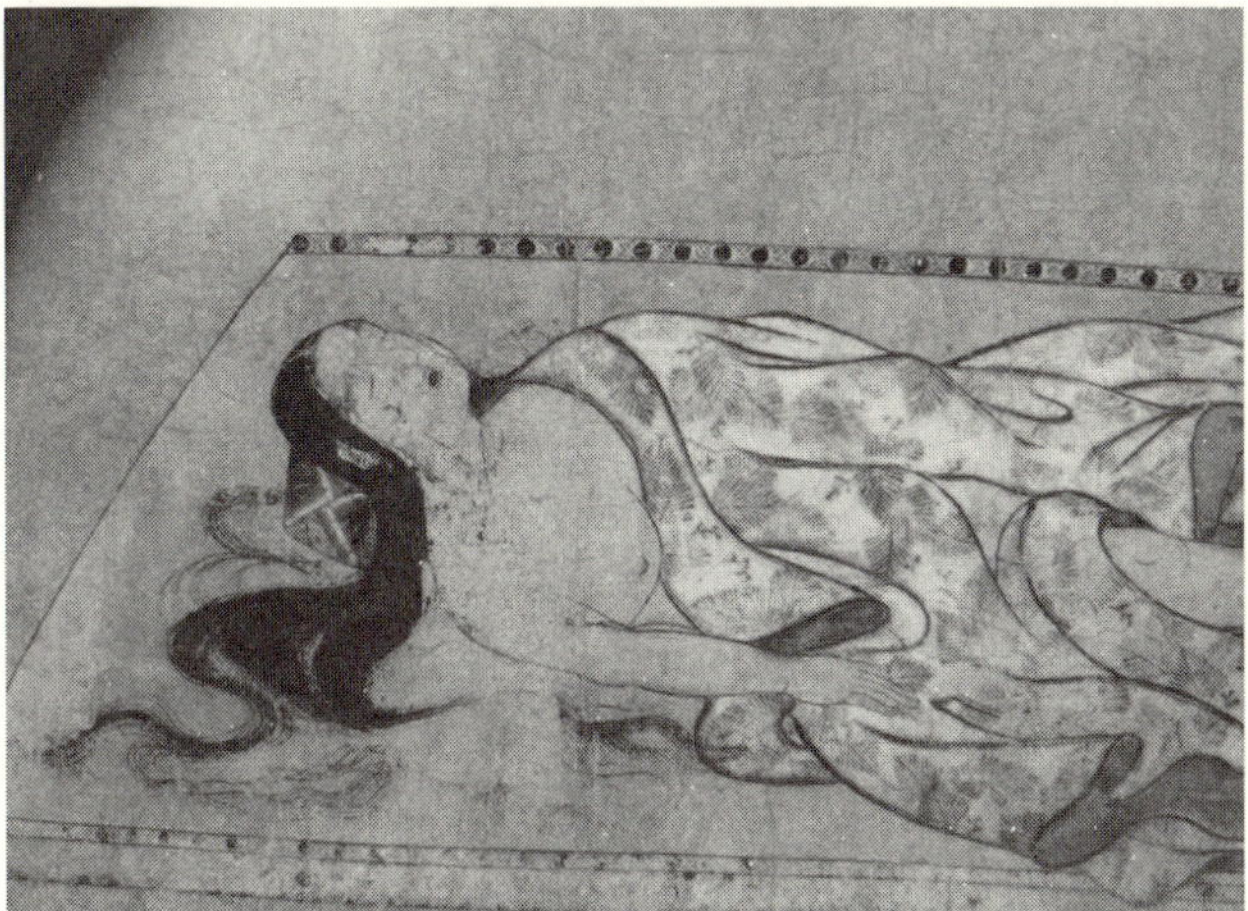

〈図⑲〉「九相図巻」（九州国立博物館蔵）第二段「新死相」14 世紀前半

しているように作図されています。また、「人道不浄相図」では、「膿爛相」と「青瘀相」がやや区別しにくいという作図上の問題もあります。むしろ、「九相図巻」の第六段「膿爛相」の絵相が『摩訶止観』の説明に近いでしょう。つまり、「人道不浄相図」の第五段「膿爛相」の絵相にはかなり無理があります。〈図⑳〉〈図㉑〉

「人道不浄相図」には、江戸時代文政五（一八二二）年から二年がかりで製作された摸本があって、原本にはない札銘が付けられていますが、そのなかには『摩訶止観』で説明された内容と違う札銘がみられます。たとえば、『摩訶止観』の第五段「膿爛相」を表わす絵相に対して、摸本では札銘「七白骨連相」が不自然に付されています。ミイラ化し、頭骨にまだ髪が付着している絵相からみて、「白骨連相」を表わしたものとはいえません。札

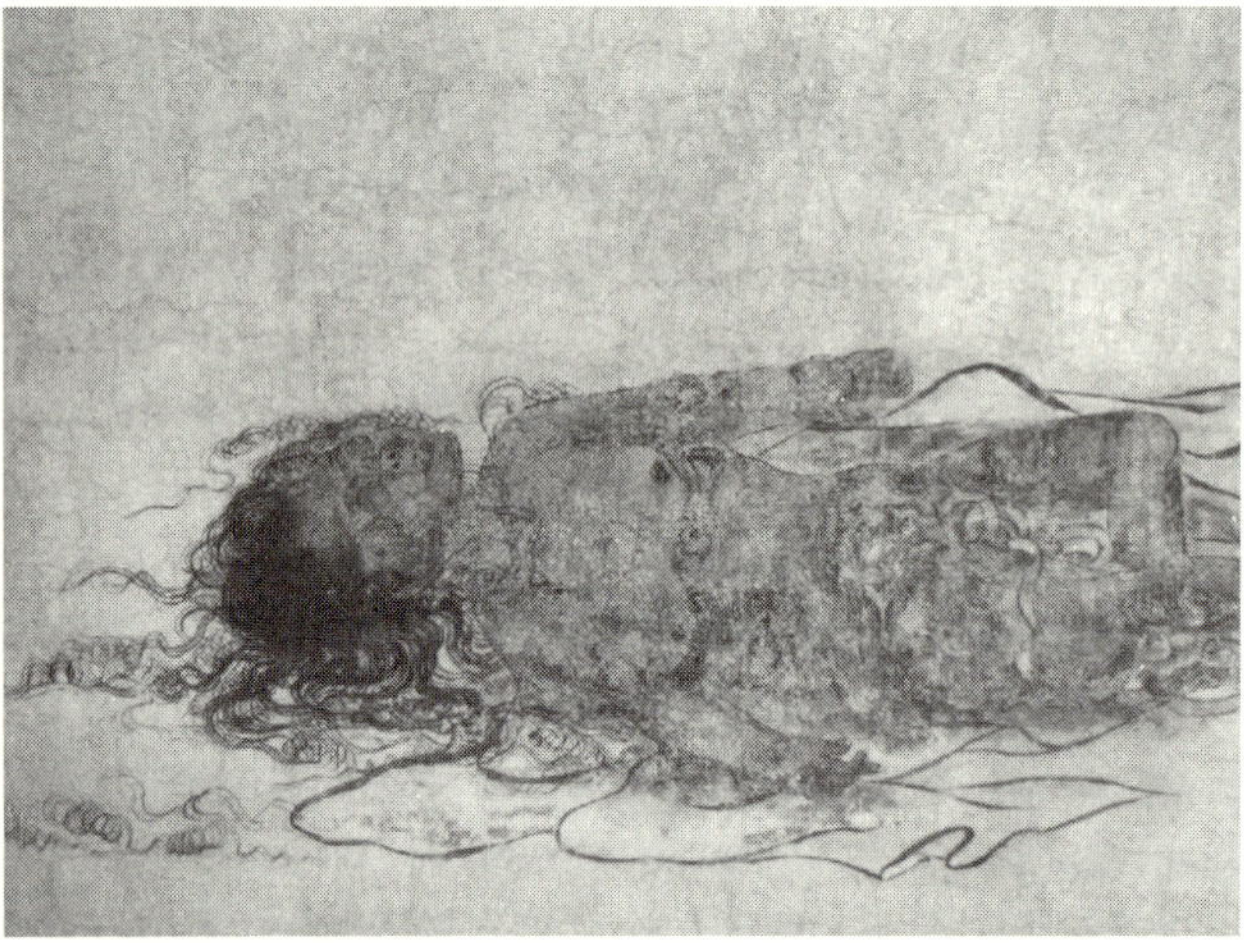

〈図⑳〉「九相図巻」（九州国立博物館蔵）第六段「膿爛相」

銘「白骨連相」は不適当です。これは、「蘇東坡九相詩序」の順序にしたがって各相に札銘が付けられたことによります（山本聡美『前掲書』２１１頁）。摸本はオリジナル制作から六百年ほど経ってから制作されたので、絵相の解釈に齟齬が生じ、札銘を不適切に処理したのでしょう。

「蘇東坡九相詩序」の第七から第九段は「骨連相」「白骨相」「成灰相《じょうかいそう》」と命名されています。摸本で札銘「七（白）骨連相」が付せられた部分の絵の内容は「膿爛相」で、本来ならば第五段であるところを第七段と解釈したうえで、「蘇東坡九相詩序」の札銘「（白）骨連相」が付けられた、と思われます。また、摸本の札銘「八骨散相」は『摩訶止観』の「散相」と「骨相」をひとまとめにしたもので、そのために最下段には第九段の札銘を付すべき余地がなくなるという問題が生じました。

〈図㉑〉「人道不浄相図」（聖聚来迎寺蔵）第五段「膿爛相」

そこで、「蘇東坡九相詩序」の「九 古墳相（成灰相）」の札銘を、中段の卒塔婆に強引に付していま す。第九段の札銘は、本来は、最下段右に付けられるべきでした。

なお、十二世紀中葉に成立した『今昔物語集』（巻第二十四第二十話）に、毛髪が付着した「白骨連相」の描写があります。不自然な相ですが、恨みを抱いて病死した女を葬らずに放置したところ、骨がつながった状態になっていたもので、その家の内に真っ青に光るものが見え、物鳴りがするなど怪異現象があった、と書かれています。「当時連骨は神秘的なもの」とされたそうです（『今昔物語集 三』日本古典文学全集 23、小学館、326頁、注三）。また、十一世紀に成立した『大日本国法華経験記』（巻上十三）にも、熊野で法華経を誦す声があって、それをたずねて山中を行くと死体の骨がそろって連なり分散せず、しかも髑髏の口に舌があり経を誦していた、という「舌根不壊説話」がみられます。

現存する最古の九相図は「人道不浄相図」とされますが、これにやや遅れるのが「九相図巻」（九州国立博物館蔵、詞書・和歌なし）で、両者に共通する祖本があって「各々に独自性を加味した兄弟関係にあるのではないか」と、山本聡美氏（『前掲書』136頁）は推定します。鎌倉時代中期には九相図がある程度は定型化されていた可能性があるようです。両者は「血塗相」までは絵相がほぼ同じです（ただし、「生前相」が「人道不浄相図」にはないことに加え、「膿爛相」以下の部分がかなり違います）。

また、「人道不浄相図」と「九相図巻」に共通する問題が各第七・第八段の「噉相」にあることは周知されています。「噉相」の遺体の色がその前後の相にくらべて生々しい体色で描かれているのが、遺体の腐乱・白骨化の過程にてらせば不自然です。しかも、「人道不浄相図」では、いったん抜け落ちていた頭髪が黒々と生えそろっています。室町時代以降の九相絵巻では、このような不自然さは修正されています。ただし、山本聡美氏（『前掲書』108―109頁）は「九相全てを観想する場合もあれば、どれかひとつの相に集中して観想を深める方法もある」として、九相を一連のものとしてみるのではなく、各相を単独に観想する状況であれば、絵相に矛盾は生じない、と考えます。

「人道不浄相図」の摸本には「九 古墳相」の札銘が中段左にあります。絵相では、川の流れに接するかのように卒塔婆が建っています。卒塔婆には蔦紅葉がからみついています。「人道不浄相図」で目につくのは、植物の四季の移ろいや流水を描くことで無常観を演出していることです。最上段では桜花が満開を過ぎ、散りかけています。中段上部では青草が繁茂し、その下部で紅葉が散りかけ、最下部では枯れ草が描かれているように見えます。流水は「三途川」を示し、腐乱死体の図が示す不浄世界から浄土へと向かう起点とも考えられます。つまり、「不浄相」だけでなく「無常相」に重点を置く視点が「人道不浄相図」にみられるわけです。〈図㉒〉（次頁）

『往生要集』「人道」の「不浄」の次に「苦」が置かれ、最後に「無常」を説くことで、この世を厭い離れるべきことを力説し「人道」の結論とします。

なお、「苦」については、具体的には説かれていません。誕生した瞬間から、「内苦」とされる各種の病気、「外苦」という外界からの責苦によって、一生苦しめられるのですが、色々の苦相は容易に眼前にみられるので、一々のべる必要もない、とします。「苦相」を絵画化したものが「六道絵」の「苦相一」「苦相二」です。これに相当する源信の『往生要集』は抽象的な記述に終始します。

「六道絵」の「苦相一」は「生病老死」を下から上に順に描きます。高貴な正装した老人が下帯（?）を垂らして出仕する図で巧妙に「老苦」の醜悪さを描写します（中段右）。「苦相二」では、下段右の「死別」の絵相が注目されます。ムシロを掛けただけの破れ小屋で母親が死んでいて、赤子がこれにすがっています。カラスと野犬がこの親子を狙っているよ

〈図㉒〉「人道不浄相図」（聖聚来迎寺蔵）摸本中段の卒塔婆。札銘《さつめい》「古墳相」

うです。母親と死別した幼児の運命を暗示します。これも日常的にみられる光景だったのでしょう。小屋に近づく僧侶を配置しているのが救いでしょうか。なお、下段左には、子供と死別して悲歎にくれる夫婦が描かれています。「親と死別した子供」「子供と死別した親」の苦しみが組み合わされています。

「無常図」は『往生要集』に基づき、画面上部から下に向かい、「神通力を得た仙人ですら、山にも、海にも、空にも、死から逃れられる場所はない」「水枯れの小川にいる魚」「屠所に近づく牛」「耳・尾・牙がとられて隠れる狐」と、無常を比喩的に表わす図がみられます。また、『往生要集』「無常」には、無常を象徴するものとして「水」が表現されます。これは「人道不浄相図」の「川」の図の役割と同じです。日本仏教では、源信の時代以前から「無常観」が重んじられていたのですが、九相図では初期では「不浄観」が卓越し、次第に「無常観」を表わす植物の盛衰や山水が描かれた、と考えられます。

なお、鎌倉期の九相図について、上記の二作品の他に、貞応二（一二二三）年に落慶法要が行われた醍醐寺琰魔堂に壁画があり、焼失（一三三六年）後の再建勧進帳によれば、九相図の壁画があった、と指摘されます（山本聡美『前掲書』154頁）。

伝空海・蘇東坡《そとうば》作「九想（相）詩」とその後

無常観が色濃くみられるようになったのは伝空海作および伝蘇東坡《そとうば》作の「九想（相）詩」からとされます。空海作と伝えられる「九想詩」は十一世紀に成立したとされます。これを換骨奪胎し改作したものと推定されるのが伝蘇東坡「九相詩」です（青木清彦「前掲論文」）。その序文は「紅粉《こうふん》の翠黛《すいたい》、唯《ただ》白皮を綵《いろど》るのみ、男女の婬楽《いんらく》互いに臭骸《しゅうがい》を抱く（読み下し）」（〔大意〕紅《べに》おしろいと緑色の眉墨で表面の皮膚を彩っているだけで、みだらな快楽にふける男女が互いに悪臭のする死骸を抱く）で始まります。これが絵巻に取り込まれ、さらに無常を詠う和歌十八首が添えられ、「九相詩絵巻」が成立します。最古の作例は通称「九博本」（九州国立博物館本）。室町時代後期（文亀元〔一五〇一〕年）の作です。

「第一新死相」を例にあげると、人の命の無常を詠う漢詩が画に先行して置かれます（〔大意〕普段の顔色は病中に衰え、芳《かんば》しかった体は死んだばかりで眠っているようだ〔中略〕花のような顔は春の三月のようにたちまちに尽き、秋の一時に葉が落ちるように命がすぐに絶えてしまい、老少不定は世のならいで、早い遅いの違いはあるが、いずれは命を落としてしまう）。伝蘇東坡作の「新死相」の読み下し文は本書第三章の**【『今昔物語集』『宝物《ほうぶつ》集』】**にあります。また、同趣旨の和歌二首が画中に散りばめられています。

さかりなる　花のすかたも散はてゝ　あはれに
　みゆる　春の夕くれ
花もちり　春も暮行《くれゆく》木のもとに　命もつきぬ
　入あひのかね

「入あひのかね」とは、夕暮れにつく寺の鐘の音です。画面の左上には寺院、下には散りゆく桜の花が描かれています。〈図㉓〉

　また、第一段「新死相」の詞書には、『存覚法語』に基づく蓮如の「白骨の御文章」と類似する部分があります。「老少もとより定境無し」は存覚および蓮如の「老少不定のさかひなれば」に当たります（「境《さかい》」とは「境遇・宿命」のこと）。

　第二段「肪脹相」では、死者を収めた棺が秋の野原に原形をとどめず壊れていて、腐敗が始まって

〈図㉓〉「九相詩絵巻」（九州国立博物館博蔵）第一段　新死相

膨張した死体が仰向けに横たわっています。この絵相は詞書「六腐爛感余棺槨」（大意）内臓が腐乱して棺の外）を反映します。棺の板には何か文字が書かれています。おそらく、経文の一部でしょう。〈図㉔〉

　墨書された棺板の図はこの「九博本」だけにみられるようですが、絵巻『融通念仏縁起』の正和本（正和三〔一三一四〕年成立）では、納棺された良忍上人を覆う布（紙）に経文らしきものが書かれていますし、藤原俊成の納棺では、紙を曳《ひ》き覆《おお》いとして、それに梵字を書きました（『明月記』）。ただし、法然については、『本朝祖師伝記絵詞』によれば、その遺体をくるむ曳き覆いにも棺にも文字は書かれていません。

　「九博本」のように棺本体に直接に文字を書く流儀について、上野勝之氏（『日記で読む日本史⑩　王朝遺族の葬送儀礼と仏事』、臨川書店、二〇一七年、36頁）は、「高山寺明恵の師の上覚の棺には明恵が、明恵の棺には弟

〈図㉔〉「九相詩絵巻」（九州国立博物館蔵）第二段　肪脹相（墨書された棺）

子の喜海が真言を記し（中略―引用者）また鳥羽の棺は側板の内側三方には蒔絵（漆）の真言種子（梵字）、足元には蓮華が描かれ」と、指摘します。上流階級では棺に直接に梵字を書くこともあったようです。「九博本」では、棺の外側に墨書されているようにみえます。

また、その第七段「白骨連相」に添えられた一首は『遊行上人縁起絵巻』（巻三第一段の末尾）に収められている三首の一つです――「かはにこそ　おとこをんなの色もあれ　ほねにはかはる人かたもなし」（生きた人間の皮を見れば男女の区別ができるが、骨になってはそれに代わるものは何もない）。遊行中、野原に白骨が累々ところがっているのを見て詠った和歌でした。「或野原を過られるに、人の骸骨おほくみえければ」と、詞書にあります。『縁起絵』は十四世紀初頭に成立したとされます。

白骨観にかかわる残りの二首をあげます（『遊行上人縁起絵巻』巻三第一段末尾）。

をしめども　つゐに野原に捨ててけり　はかなかりける　人のはてかな
（捨てるに忍びないのだけれど、とうとう野原に捨ててしまった、人の末路ははかないものだ）

はかなしや　しばし屍《かばね》の朽ぬほど　野原の土は　よそにみえけり
（しばらくは、屍が朽ちてしまうまで、野原の土が別物に見えてしまう、はかないことだ。誰でも

最後には野原の土となるのだ）

なお、伝空海作には「秋葉」「春花」「落葉」「秋菊」「寒苔」「夏草」といった四季の移ろいを示す語句が用いられ、「不浄」に「無常」の視点が加わり、「九相の変化を四季の推移になぞらえる」趣向が始まります（山本聡美『前掲書』57頁）。伝蘇東坡作の『九相詩』そのものには、四季の移ろいの表現は目立ちませんが、伝蘇東坡作を含む「九相詩絵巻」（九博本）の絵相について、相澤正彦氏（「室町時代の二つの「九相詩図巻」」『九相図資料集成』所収」）は、これに描かれた草花のほとんどが秋のもので、「すべてが河原の干潟に生出ずる植物である」ことに注目し、さらに「九博本の絵は屍が河原に棄て置かれているというシチュエーションに対する明確な意識を持っている」と、指摘します。第一段「新死相」にみられる盛りを過ぎて散る桜が「無常観」を導入し、第二段以降は薄、萩、野菊、蔦などが精緻に描かれ、背景に描かれている笹や松の風情が荒涼とした印象をあたえます。

河原に死体が捨てられている絵相は古代・中世の墓制を反映するものと考えられます。下層階級の人々の場合、野原や墓場に遺棄されたのですが、平安京では鴨川の河原が多かったようです。本書第一章の**【「白骨の御文章」】**でふれたように、京の嶋田・鴨川の河原などでドクロ五千余頭を集めて焼いた、と『続日本後記』に記されています。河原は遺棄死体が置かれる代表的な場所だったのでしょう。とくに、疫病が蔓延した時には河原に遺骸があふれていました（『碧山日録』寛正二年二月二十九日条）。また、『フロイス　日本史　11』（松田・川崎〔訳〕、中央公論社）に、極貧で身よりもない僧は、死後、両足に縄をかけて海とか川まで引きずられ、捨てられてしまう、とあります。

九博本（文亀元年銘）の第一段「新死相」に描かれているのは高貴な老女のようです。お屋敷で多数の侍女に付き添われていています。それだけに、その遺体が河原に棄てられ、犬に食われたあげく白骨化するという変相図は、世の無常を効果的に演出する意味があります。第九段「成灰相《じょうかいそう》」では、崩れかけた石塔が河原の辺地で蔦にからまれ、朽ちた卒塔婆が傾いています。絵師は、第九段の画に添えられた歌「とり邊山すてにし人は跡たえて　つかにはのこる露のたましゐ」「かきつけし其名ははやくきえはてゝ、たれともしらぬ古卒塔婆かな」にみられる鳥辺山を意識して、傾いた卒塔婆などを描いたのでしょう。

文亀元年の「九相詩絵巻」（九博本）と、それにやや遅れて大永七（一五二七）年に成立した大念佛寺所蔵「九相詩絵巻」（大念佛寺本）が、室町時代の代表的な二本の九相詩絵巻です。九博本との違いで目につくのは、大念佛寺本の第一段「新死相」で描かれるのは老女ではなく若い高貴な女性です。これ以降の「九相詩絵巻」では、後述の東大本を除き、老女が描かれることはないのですが、それは生前と死後の姿の落差を効果的に示すのに若い女性が適していたからでしょうか。老女が小野小町や檀林皇后を連想させるという指摘もあります（相澤正彦「前掲論文」）。また、九博本では邸内で死亡しているのですが、大念佛寺本では上げ畳に置かれた死人が戸外に放置されています。この絵相は「人道不浄相図」「九相図巻」と共通します。邸内の死亡図よりも、むしろ古風な絵相でしょう。

さらに、第九段「成灰相」について、九博本では朽ちた卒塔婆と崩れた五輪塔が蔦に絡まれているのですが、大念佛寺本では直衣の身分の高い男が死んだ女を悼み、泣いています。山本聡美氏（『前掲書』184頁）は詞書の漢詩や和歌の詠み手として描かれたとします。男の脇に卒塔婆・石塔がありますが、石塔は詞書の歌で詠まれているようには古びてはいませんし、卒塔婆も傾いていません。また、晩秋であるにもかかわらず、朝顔の花が描かれ、朝顔の蔓が卒塔婆に巻き付いているという季節感の乱れが気になります。他方では、九博本の第四段の絵相が緻密・繊細で華麗な色彩で描かれていることでは注目されます。無数の蛆・蟻・金蠅が丁寧に描き込まれています。

大念佛寺本の第五相、第六相の絵相からは、墓所に投棄されていることが分かります。卒塔婆、石塔、石塔を囲む四角の透垣《すいがい》などが描かれています。墓地での遺棄葬であることは九博本とおなじですが、大念佛寺本ではいっそう明確です。

ただし、九博本の第四段「肪乱相」については、遺棄死体の左右に髑髏が二頭ころがり、遠方に卒塔婆らしき木片が十本ほど立っていることから、墓場であることが分かります。

さらに、九博本で注目すべきは奥書です。「これを一見したものは必ず阿弥陀を十遍唱えよ」（大意）と書かれています。相澤正彦氏（前掲論文）は「この言辞には、もはや九相図が本来的に有した観想という目的は感じられず、むしろ往生という来世思想的性格が顕わになっている」と指摘し、これに絡み、九相図制作の意図が追善の功徳による浄土往生と意識されていた、と推定します。

以上の二本の絵巻の他、室町時代の末期に製作されたとみなされる東京大学国文学研究室本（東大本）も新たな墓相が注目されています。第九段「古墳相」の絵には、正方形の土檀を築き、その上に卍印の小幡を着けた先端のとがった棒状のものと五輪塔が立てられています。収骨して、この檀の下に納骨したのでしょう。相澤正彦氏（前掲論文）が指摘するように、風葬に処せられた遺体が自然に還るというモチーフが改変され、人工色が加えられているわけです。なお、「古墳相」の絵相は江戸時代の版本の九相絵に強い影響を与えました。

さらに、江戸時代初期（慶安四〔一六五一〕年）の年記がある「九相詩絵巻」（佛道寺本）は、端正な画風で注目されます。大念佛寺本では第九段で高貴な男性が悲歎する像が描かれていますが、佛道寺本では各段に同様の高貴な男性がみられます。この男性は各段で腐敗・白骨化していく女性をながめ、和歌を詠んでいるようにみえます。〈図㉕〉（次頁）

描かれている植物は晩秋のもので、無常観をよく表わしています。第九段「古墳相」では、遺骨の埋められた上に建てられた石塔を眺めて、物思いに耽っているようです。大念佛寺本の第九段に近い絵相ですが、こちら（佛道寺本）は個人を独立して丁寧に葬っています。石塔は立派で、墓域もひろく、階段状に登るようになっていて、柵に囲まれています。個人を追慕追善する姿が大念佛寺本の九相図よりも強く感じられるように描かれています。

江戸時代にはいると九相図にかかわる版本が多く出されるようになります（『九相図資料集成』に影印七種が掲載されています）。まず目に付くのは、九相図の最終相の絵相が東大本の第九「古墳相」に基づくことでしょう。正方形の土檀に小型の五輪塔が置かれ、卍印の小幡が立てられています。江戸初期刊行とされる早稲田大学図書館本「九相詩」の第九古墳相も東大本と同じ構図です。

やや時代が下がる『九相詩絵入』（上田市立図書館花月文庫蔵）では、立派な五輪塔が塚に据えられていますが、このように追善供養を強調する傾向は貞享年間（十七世紀）の『九相詩歌』、元禄年間の『九想詩諺解』、文化年間（十九世紀）の『九想詩絵抄』に引き継がれます。さらに、火葬の場面を描くなど、

〈図㉕〉「九相詩絵巻」（佛道寺蔵）第七段「白骨連相」

葬送儀礼に重点が置かれる傾向もあります。『九想詩絵抄』の「第一新死想」に豪勢な葬列が描かれていますし、弘化五年（十九世紀）の『大経五悪図会』の第七焼想で火葬、第八白骨想で箸をつかった収骨、第九墓想で墓石に向かって遺族が追善法要を営んでいる様子が描かれます。

小野小町の髑髏譚《どくろたん》

『九想詩絵抄』は文化七（一八一〇）年に刊行された九相を解説する絵入の版本で、その冒頭に小野小町の挿絵が載せられています。また、『大経五悪図会』（弘化五〔一八四八〕年）の第三血塗相にも小野小町といえどもこれを避けることができない、とあります。江戸時代には小野小町が九相図にとりあげられていたわけです。ところが、小町と九相図の関係は謎めいています。小野小町は平安中期の美貌の女流歌人であったこと以外に知られるところが少なく、そのせいもあって、小町説話が平安後期から潤沢に創り出されました。その説話は「美人驕慢説話」と「老衰落魄説話」が組み合わさったもので、後者には死後の説話として「小町髑髏説話」が付随するようになりました。髑髏説話は九相の「白骨観」と結び付き、小町は九相図の主人公に仕立てられたのですが、その時期は江戸時代になってからで、それ以前は九相図との関連は薄く、「老衰落魄説話」を中心に小町説話が創り出されたようです。鎌倉時代初期以前のことでした。それというのは、『吾妻鏡』で「小野小町一期盛衰事」という絵巻が話題になっているからです（建暦二年〔一二一二〕年十一月八日条）

――（大意）御所で絵合《えあわせ》の儀あり。男女老若を以て、左右に相分かれ、その勝負を決せられる（中略）広元朝臣がご覧にいれた絵は、小野小町一期盛衰事を描いており、朝光の分の絵は、本朝の四大師の伝記であった――。この盛衰事は生前のことを扱い、死後の九相は無視されているようです。

「小野小町一期盛衰事」は題名から『玉造小町子壮衰書《たまつくりこまちこそうすいしょ》』を指すのではないか、と推定されます。「玉造」は奥羽地方の地名で、髑髏伝説の地とされます。「玉造における小野小町の壮衰記」という意味で、平安時代中期から末期に成立した説話です。弘法大師空海（七七四―八三五）が作者との伝説がありますが、平安初期に活躍した空海が小町の壮衰記を書くことは時代的に無理です。作者未詳です。なお、説話集『宝物集《ほうぶつしゅう》』（初稿本は平安時代末期までに成立）には「弘法大師の玉造といふ文」という表現がみられ、『十訓抄《じっきんしょう》』（建長四〔一二五二〕年成立）には「壮衰記」と書かれています。「壮衰記」は書名『玉造小町子壮衰書』の一部で、鎌倉時代初期以前に『玉造小町子壮衰書』が成立していたことになります。これらの説話集の内容は小野小町と玉造小町が同一人であることを前提に成立しています。

（大意）小野小町が老い衰えて、貧窮になってしまう有様は、弘法大師の玉造という文に書いてあることで、憐れで哀しく思われます（『宝物集』巻第三）

（大意）小野小町が若く色を好んでいた頃、彼女のもてかたは並びないものでした。壮衰記という本には、中国の三人の天子、五人の高弟の妃であっても（中略）これほどのことがない、と書いてあるそうです（『十訓抄』上、二ノ四）

また、『閑居友《かんきょのとも》』（承久四〔一二二二〕年頃完成）の（下九）「宮腹の女房の、不浄の姿を見する事」の話には、「小野小町が事を書き記せる物」への言及があって、これは『玉造小町子壮衰書』を指すものと推定されます。

細川涼一氏（「小野小町説話の展開」『女の中世』、日本エディタースクール出版部、一九八九年）は、「すでに世に行われていた小町落魄説話をもとにして、この『玉造小町（子）壮衰書』が作られ」、小野小町と玉造小町の同一人説は、『十訓抄』にみられるように、鎌倉時代中期には定着していた、とします。ただし、鴨長明（一二一六年没）の歌論書『無名抄』（日本古典文学大系65『歌論集　能楽論集』岩波書店、所収、97頁）では、男女関係のトラブルで「東下り」した在原業平が陸奥国の「玉造の小野」という所で小町の髑髏に遭遇した話が紹介されますが、「玉造りの小野と小野小町と同人かあらぬ者か」という論争が起きた時に、ある人が話した髑髏譚である、とします。この論争にみるように、鎌倉時代初期では同一人であるかどうか、必ずしも定まっていなかったようです。

『玉造小町子壮衰書』には、敦煌出土文書や正倉院文書にある生老病死の人道の苦相が書かれています。とくに、生前相の無常が雄弁に語られます――「生老病死の風声は無常なり」（詩序〔249〕）。

奈良時代の山上憶良「哀世間難住謌」にも『玉造小町子壮衰書』と共通する老いを歎じ無常を詠じる心がみられ、無常を歎じる文学の伝統は古いものでした。

小野小町の落魄伝説は小町の真作である和歌に基づいて形成された、と思われます。「わびぬれば」の歌は、『十訓抄』にも引用され、落ちぶれて最期には野山をさまよい歩くという流浪譚で結ばれます。

花の色は　移りにけりないたづらに　わが身よにふる　ながめせしまに
（花の色と同じく自分の美しさももはや消え失せてしまった。むなしく老い衰え、物思いにふけって眺めているうちに、花が雨にうたれて散っていくように）（『古今和歌集』巻第二、春歌下〔113〕）

わびぬれば　身をうき草の根を絶えて　誘ふ水あらば　いなむとぞ思ふ
（落ちぶれてわが身がいやになり、浮草のように流される根なし草で、誘ってくれる水があればどこにでもいきましょう）（『古今和歌集』巻第十八、雑歌下〔938〕）

『十訓抄』（上、二ノ四）に小野小町の落魄ぶりが簡潔に描写されています。現代語訳をあげます――（二十三歳ですべての親兄弟と死別し）孤独な独り身で、誰も頼る者がいない。すばらしい栄花は日々に衰え、目のさめるように美しい姿は年ごとに落衰していくばかりであった。小町に想いを掛けた男たちも疎遠になり、家は壊れ、月の光だけがむなしく射し込み、蓬だけがむやみに茂っているだけであった――。

貞治六（一三六七）年の年記がある「小町老衰図」（陽明文庫蔵）が老醜の小町像を活写していますが、この像は『玉造小町子壮衰書』の描写と一致します。岩波文庫『玉造小町子壮衰書』杤尾武（校注）（137－138頁）の現代語訳を引用します。〈図㉖〉

頭は霜枯れのよもぎのように白くまばらで、膚は凍った梨の実のようにかさかさ。骨とがり、筋浮き上がり、顔黒ずみ、歯は黄ばんでい

〈図㉖〉「小町老衰図」（陽明文庫蔵）

た。身につける衣なく、素足ではきものもない。声震えてことばにならず、足なえて歩みもおぼつかない。糧尽きて朝夕の食事もままならない。ぬかやくず米も食い尽し、旦暮の命もはかりしれない。左のひじには破れた竹かごを懸け、右の手には壊れた笠を提げていた。首には包を懸け、背には袋を負っていた（中略）肩の破れた衣は胸に垂れ下り、首の壊《やぶ》れたみのは腰にまとわりついている。

小町落魄伝説が「歌い髑髏譚」、「髑髏報恩譚」に発展し、それから小町九相図が形成されるに至ったようですが、小町九相図の形成は近世になってからです。細川涼一氏（前掲論文）によれば、その髑髏伝説は平安末期に発生し、鎌倉時代に在原業平の事蹟と結び付きました。また、野中に棄てられたまま成仏できないでいる髑髏を供養した人へ、小町の亡霊がその恩を述べる髑髏報恩譚という形にも発展しました（片桐洋一『小野小町追跡』、笠間書院、一九七五年、121頁）。報恩の要素がみられない初期の髑髏譚が納められている歌論・説話集は、平安時代末期の『袋草紙』、鎌倉期の鴨長明による『無名抄』、建保七（一二一九）年頃に成立した『古事談』（一二一二―一二一七）です。『古事談』の概略を紹介します。

在原業平が東下りをして、奥州の八十嶋《やそしま》に泊まった夜、野中に和歌の上の句を詠ずる声がきこえた。その詞は「秋風の吹くたびごとにあなめ、あなめ」であった。音のするところに行ってみたが、人はいなかった。ただ一つの髑髏があるだけで、翌日これをさらに見ると、その髑髏の目の穴からススキが生え出ていた。風が吹くたびにススキがなびく音がこのように聞こえたのである。奇怪なことと思っていると、ある人が「小野小町がこの国に下向して、ここで死んだ。これはその髑髏である」と言う。そこで業平は哀憐の気持を垂れて下の句を付け、「小野とはいはじ薄生《すすき》ひけり」と詠んだ。この場所を小野という。

また、大江匡房《おおえのまさふさ》（一〇四一―一一一一）の『江家次第《ごうけしだい》』第巻十四（『改訂増補　故実叢書』二、407頁）では、業平がその髑髏を「即歛葬《そくれんそう》」（すぐに手厚く葬った）という供養譚が付け加わります。同じく、髑髏の供養については、髑髏からススキが生え出ているのを見て、髑髏を「閑所に」（静かな所に）置いたという『袋草紙』上巻の話もみられます。また、鎌倉時代初期（十三世紀初頭）の歌論書『無名草子』（作者は女性と推測されます）では、小町は夢の中に現れ、髑髏からススキを抜き捨てて供養してもらった礼として、歌を上手に詠める才を藤原道信に与えた、と述べています。小町の報恩譚は、落魄譚の悲惨さをやわらげ、成仏の可能性をほのめかす意味をもった、と思われます。

上の句の「あなめ、あなめ」は「あな、目がいたい」とか、「ああ、たえがたい」の意味で、下の句の「小野とはいはじ薄生ひけり」は「この髑髏を小野小町のなれの果てとはいうまい。ススキが生えているだけである」とか、「小野」は「小さな野原」の意と「小町の姓」という意味が重なり、「小野にだけと言わず、目の中にもススキが生えているのです／私の姓が小野だからというわけでもあるまいに、目の中にススキが生えているのです」とか、解釈されます。髑髏が野に散乱し、ススキが眼窩を貫き、なびいている風景は当時ではめずらしくなかったでしょう。『宝物集』巻第二「死苦」に「尸《かばね》を見れば鬼のごとし。つゐに蓬《よもぎ》がもとの塵となりて、眼《まなこ》は野べの蕨《わらび》につらぬかる」と、無常観が野辺の死体の変化にからめて述べられます。九相観の「青瘀相・白骨相」にあたるでしょう。『古事談』などの落魄・髑髏譚では、「美人であることの驕慢の果てに野山に屍をさらし、髑髏になっても往生・成仏できないでいる」（細川涼一「前掲論文」）とされ、女性の救われない姿が示されるのですが、他方では、九相図へ発展する可能性をもつ「白骨観」の要素もうかがえるわけです。また、小町の髑髏が和歌を詠じるのは「歌い骸骨」という昔話の型に入るでしょう。古くは、『日本霊異記』（九世紀前半成立）の上巻第十二話に「髑髏の報恩譚」、下巻第一話に「歌い骸骨譚」、下巻第二十七話に目の痛みを取り去ってもらったことを感謝する「髑髏の報恩譚」がみられます。これらの髑髏譚の背景には、髑髏を死霊の坐とみなす信仰がありました。

細川涼一氏（前掲論文）は、将軍実朝が絵合せで献覧した絵巻が小町壮衰絵巻で、「九相図巻」などの九相絵巻の多くが後世で小野小町を主人公とするものとみなされた、と指摘します。しかし、小野小町像と九相図の関係については、両者が中世で「結びつく要素が希薄である」と山本聡美氏

（『前掲書』89－90頁）は推測し、「ところが、語り継がれる中で次第に混交していった」として、「小野小町九相図」は近世に至って現れたと結論します。鎌倉・室町時代の九相図は女性が主人公ですが、具体的に誰なのかは分からないように作られています。江戸時代に、既存の九相図を小野小町のものと読み替えて絵解きすることが流行しました。小町の名が知られていることから、その落魄譚と九相図が結びつくことで、大衆の耳目をひきつけやすく、掛軸形式の九相図が寺院の行事のさいに絵解きされました。ただし、「小野小町九相図」にみられる驕慢の美女が落魄・白骨化する姿には、興味本位でホラー影像を見る娯楽性と教訓的な意味が付け加えられるに止まり、高次の宗教的な救いは絵解きの観客に訴えにくいでしょう。次項の檀林皇后の事蹟との違いです。

檀林《だんりん》皇后九相図

鎌倉時代に制作された最初期の九相図が「人道不浄相図」で、「六道図」十五幅の中に含まれます。その絵解き台本が現存します。林雅彦氏（「六道繪相畧縁起」『絵解き台本集』伝承文学資料集 第十一輯、三弥井書店、一九八三年）によれば、明治二十九年五月に筆写され、滋賀県滋賀郡坂本村の田中某氏が所有者で、大正中頃には、盆行事に絵解きが一時間ばかり行われたそうです。第九幅「人間道」の序文の後、全九段からなる九相図が開示され、最後にここに絵解きされた九相は檀林皇后のものであることが明記されます。ただし、この絵解き台本では、檀林皇后と光明皇后が混同されているようです。大意・概略を示します。

ここに人皇《にんのう》五十二代嵯峨天皇の夫人に檀林皇后、四十五代聖武天皇の后に光明皇后という方がおられ、仏法を信仰する身でしたが、美麗であること並びなく、御姿を見る者がことごとく恋慕の思いをなすために、自分が死んだら、西岡の野原に捨ててほしいという御遺言のとおりに、捨てたところ、貴賤男女が市をなすように拝見しに行き、七月七日《つきか》に御姿が変わりはてて、ついには白骨の散らばる様相となったということ、諸書に書いてあります。これは、衆生に恋慕の思いをなさしめて罪をつくらせたが故に、瑞顔美麗の装い、またその身分について、世に並ぶものがいないとしても、人間の不浄の有様、誰しも人が死ねば同じく不浄であることから、末世の衆生が迷うことをなくすために遺体を捨てさせられたのです。

檀林皇后の事蹟については、西山美香氏（「檀林皇后の〈生〉と〈死〉をめぐる説話」『佛教文学』25、二〇〇一年）によると、日本禅宗史上最初に禅宗を伝えた人物であるだけでなく、嵯峨天皇の后（橘 嘉智子《たちばなのかちこ》）であった人で、これも日本で最初の禅寺である檀林寺を創建したことでも知られ、そこから檀林皇后という呼称が生まれました。夢窓疎石が開山だった天龍寺の寺地は檀林寺の旧趾でした。しかも、檀林皇后が日本人として初めて禅の悟りを開いた女性との認識が中世の禅林でひろがっていたようです。夢窓疎石は檀林皇后を自行化他《じぎょうけた》の理想的な女性、すなわち「聖なる女性」として重要視し、「実際に上流階級の女性たちが夢窓に帰依し、夢窓が彼女たちのために禅の教えを説いていた」（前掲論文）とされます。檀林皇后の九相観説話は、「女人教化」を目的に説かれる下地が中世で用意されていたことを示すものでしょうか（山本聡美『前掲書』82頁）。

西山美香氏（前掲論文）によれば、天保四（一八三三）年の刊記がある『道歌 心の策《むち》』に、檀林皇后の事蹟について、二つの和歌と九相観が紹介されています。第一の歌は、檀林皇后が唐から禅宗を日本に請来したという歌で、第二の歌は遺棄葬を命じて、愛着の迷いを断つようにさせたという内容です。大意を紹介します（原文は西山美香「禅宗における女性—『道歌心の策』より—」『宗学研究』第四十一号、一九九九年三月、に掲載）。

もろこしの山のあなたにたつ雲はここにたく火のけむり也けり

皇后の諱は嘉智子、五十二代嵯峨天皇の后で、あつく禅法を信じ、唐の国の義空禅師を檀林寺に迎えて法の肝要を尋ね、ついに悟ることとあってこの歌を詠じられた。唐土の斉安国師がはるかに隔てた地でこの歌を聞いて、深く仏法を体得した人であると感服したという。嘉祥二年寿六十五にして崩じられた。御遺言で、遺骸を嵯峨野に捨てさせ、容色が変わり、腐乱し穢れた姿をさらし、人をして愛着の念を断つようにされた。また、御歌に風葬の遺言がみられた。

九相観説話が檀林皇后に付与された理由について、西山美香氏（「檀林皇后の〈生〉と〈死〉をめぐる説話」『佛教文学』25、二〇〇一年）は、参禅説話があって禅の悟りを同じく開いた一遍上人が「葬礼の儀式をととのふべからず。野に捨て獣にほどこすべし」の遺言をのこしたことに関連すると推測します。また、同氏（「檀林皇后九相説話と九相図」『九相図資料集成』所収）は、親鸞が「某《それがし》閉眼せば、賀茂河にいれて魚にあたふべし」という言葉を述べたとされることから、檀林皇后の遺言は、一遍・親鸞の捨身行が高く評価されているのと同じく、尊いものと意識されていたと考えます。史実として、檀林皇后の墓が遺言によって簡素なものであったという記録があるそうです（山本聡美『前掲書』83頁）。また、西山美香氏（「前掲論文」注2）は、皇后が薄葬であったと伝えられたことが九相説話形成の背景にある可能性を指摘します。

そもそも、仏教には他者を救うために我が身を捨てる自己犠牲を高く評価する伝統があります。一遍の林葬、親鸞の水葬が鳥獣魚の飢えを満たす捨身行であるとして、葬法の中でも功徳の高いものという見方が中世でもありました。日蓮宗の書『千代見草』（伝日遠〔一五七二—一六四二〕）は、四種の葬法（水、火、土、林）のうち、水葬・林葬について次のように評価します（続・日本仏教の思想5『近世仏教の思想』、岩波書店、一九九五年〔新装版〕、所収）。原著は宝永七（一七一〇）年の刊記がもっとも古いとされます。

〔現代語訳〕葬法の第四は林葬です。野山の林中に遺体を送って、鳥・獣の餌にあたえるものです。四種の送葬のうち、水葬・林葬は魚・獣をやしなう故に、功徳は広大です。とは言え、父母の亡き骸をそのようにするのは孝行の子どもの心では実行しにくいことです。出家の遺骸については林葬するように遺言するべきです。どれほど功徳であるとしても、師匠の遺骸をそのようにするのは弟子の気持ちとしてはできないことですが、遺言であればそうすべきです。誰もが、死骸にまで愛着を捨てられず、痩せ狼の飢えを救わず、もったいなくも死骸に薪を使い、くさい煙を慎まず、焼きたがるのは、あさましいことです。水葬・林葬をはばかり遠慮するとは。過去の業因が悪く、飢え死にした乞食を、川に流し、野山に捨て、惜しげもなく、魚・鳥・獣に生きる術を与えて、思いのほかの功徳を得る身ほどうらやましいものはありません（451頁）。

檀林皇后は自己犠牲の精神でもってわが身の不浄をさらし、他者を仏道に導いた、と評価され、近世で「檀林皇后九相観説話」がさかんに絵解きされました。同じく、野に不浄の身をさらすモチーフは同時代の「小野小町九相図」にもみられるのですが、小町との違いは、檀林皇后には仏法で功徳が大きいとされる自己犠牲の精神があり、自発的に九相をさらしたことにあります。また、檀林皇后は、生前から禅の悟りを開いた女性であることからも、「檀林皇后九相図」の絵解きに接する女性のために、この世への執着を捨てさせる唱導役を勤めるのにふさわしい人物だったのでしょう。

従来の九相図の制作意図は、男性に女性への性的な執着を捨てさせることにほぼ限定され、女性は男性の発心を促す受動的な役回りを演じるだけでした。女性自身が仏道に目覚め、救われるという側面はありませんでした。女性はただ穢れた身を野にさらし、塵に同化するだけです。その典型が小野小町の九相図です。

また、山本聡美氏（『前掲書』80頁）は、早くは中世初頭で、経済力のある貴族女性を唱導し、仏事に参加させることが求められ、「貴族女性に、原罪とも言うべき不浄のわが身を自覚させ、仏道へ邁進する手がかりを与える格好の教え」が九相観説話に付与されていたとします。十三世紀前半に完成した『閑居友《かんきょのとも》』がそのような意図で書かれた説話集とされます。中世初期の「女人教化《にょにんきょうけ》」の九想観説話が特定の高貴な女性の物語に発展したのが「檀林皇后九相観説話」であるわけです。檀林皇后は積極的に仏道を極め、不浄の身をさらして、究極の功徳を男女の隔てなく施します。ただし、そのような認識が定着するのは檀林皇后の九相図が作られる江戸時代になってからでしょう。

聖衆来迎寺本「六道絵」が、十世紀頃、宮中の「女人教化」のために描かれたという伝説が修復銘に書かれていました（山本聡美『前掲書』１３３、２０５頁）。「六道絵」の摸本は江戸時代に流行し、その絵解きが定型化されたのは天和二（一六八二）年頃とされます。「人道不浄相図」については、女人教化の目的で絵解きされたという記録があり、女性信者を相手に、檀林皇后と光明皇后の説話が加味されて絵解きされたようです（『前掲書』203―204、212頁）。「女人教化」とは、女性がわが身の不浄を自覚し、不浄・無常を悟るべく仏道にはげむ気持にさせることでしょう。古くは、九想観説話はもっぱら男性の女性にたいする肉欲を滅却させる方向に働き、女性は男性が不浄・無常を悟る媒体に過ぎなかったわけです。近世では、「人道不浄相図」は男女を問わない教化の手段となったと考えられます。

西山美香氏（前掲論文）は、東北大学付属図書館狩野文庫所収の『檀林皇后廿七歳命終九想之図』（寛政九〔一七九七〕年の銘、以下、狩野文庫本と呼びます）に着目し、その最後の場面に尼僧が描かれていることの意味を探ります。九相図の最後の場面（成灰相《じょうかい》、古墳相）に現れる代表的な人物は、大念佛寺本、佛道寺本の貴紳です（これらの絵巻の制作は室町時代・江戸時代初期です）。こうした貴紳は死んだ女性の九相を見て、彼女のために歌を詠じ、菩提を弔っているようにみえますが、「同時に九相図の観者の代表・象徴でもあるであろう」と、西山美香氏は考えます。

この流れでいくと、狩野文庫本に尼僧が描かれているのは「女性を対象とした絵画であったこと」、この尼僧が参る五輪塔・卒塔婆のそばに「嵯峨天皇之御后檀林皇后之塔」と書き込まれていることから、「この尼僧が檀林皇后の九相を見ることを契機として仏道に向かう」という意味が引き出せます。つまり、「檀林皇后九相図」は「女人教化」の近世の物語と理解できるのかもしれません。

まとめ――不浄観から無常観へ――

仏教は「苦」からの解放をその主目的とします。まず、その「苦」の源泉が人間の執着心であることを知らなければなりません。そのための基本修行が「戒・定・慧」の三学です。身を慎むのが「戒」で、「定」は心を静めて瞑想（観想）することです。「戒・定」の修行によって「智慧」を獲得します。三学の修行方法のひとつとして、心の五種の過失を停止する「五停心観」があり、五門禅とも称し、数息観・不浄観・慈心観・因縁観・念仏観がこれに含まれます（天台智顗『摩訶止観』岩波文庫、下、241頁）。「不浄観」のうち究極の不浄観法が「九相観」です。「九相観」とは、人間の死相を究極的な不浄として、それを九段階に分けて認識し、無常を悟る修行です。不浄観は原始仏教時代の『法句経』にすでにみられます。シルクロードの六世紀頃の仏教遺跡にキジル石窟壁画があり、「白骨観」の修行にはげむ僧が壁画に描かれています。この壁画は初期仏教の白骨観修行を表わします。ただし、ここでは屍が腐敗・白骨化する過程は描かれず、白骨図だけが描かれています。白骨相は九相の終着点ですが、同時に白骨観を修することが浄土に至る継起となります。

また、ほぼ同時代（五～七世紀）に属しますが、アフガニスタンのハッダのタパ・ショトル地下祠堂にも、白い骸骨像の左右に仏弟子が坐禅・観想している壁画があります。遺体がここにないことから、「不浄観」ではなく「白骨観」とされます。「九相観」の最後の第九相が「白骨観」の対象で、世俗の不浄世界から仏の聖なる世界へ転換するための観法と考えられるわけです。

白骨観だけでなく、トヨク石窟には、九相観のうちの「噉相《たんそう》」などの二図があります（六－七世紀中頃のもの）。一つは樹下で観想する僧に対峙して死体を鳥獣が争って喰う「噉相」を表わす壁画で、もう一つは病人または亡くなって間もない死屍を表わす壁画です。さらに、トヨク石窟には、不浄観想図と浄土観想図がともに描かれています。不浄観の修行を経て、白骨観に至り、さらに観仏三昧、つまり、浄土観想によって浄土に往生することをめざす壁画とされます。

僧侶は房室内で坐禅・観想するのが原則ですが、玄奘三蔵（六〇二－六六四）が漢訳した『大毘《だいび》婆沙論《ばしゃろん》』によれば、必ずしも室内に坐禅して行うだけでなく、まず、墓地に赴いてその場で行うことが求められます。実物を目にして観察したうえで、死体のイメージを脳裏に刻みつけます。日本仏教の九相観に強い影響を与えたのは天台智顗（五三八－五九八）の『摩訶止観』です。具体的な九相の様相は智顗の解説によって理解されました。

日本で九相観を実践した記録としては、『夢窓国師年譜』の正応元（一二八八）年条に、臨済宗の僧・夢窓疎石《むそうそせき》（一二七五－一三五一）が十四歳で九相図を描き、これを壁に掛けて観想したところ、自分の姿が骸骨にほかならなかった、とあります。浄土教で重んじられる『観無量寿経』で、仏や浄土の様相を観想することで往生が達成されることが説かれますが、法然（一一三三－一二一二）も観想によって浄土の相を見た、と伝えられます。建久九（一一九八）年のことです。観想の行法が当時もてはやされたのでしょうか。比叡山延暦寺などの聖道門では、念仏についても、口称ではなく、観想する行法が重んじられました。

『今昔物語集』などの中世説話集に九相観を修したという話が納められているのですが、必ずしも自発的に行じたのではなく、たまたま愛人などの死に遭遇して、死相を見た話です。ただし、十三世紀初頭の『閑居友』『発心集』には積極的に妄執から脱するために九相観を修した話がいくつかあります（本書第三章参照）。『閑居友』（上一九）では、墓地で不浄観が行われています。

中国では九相観図そのものの作例はみられないようですが、九相観の修行を主題にした漢詩が作成されています。九想観詩は、敦煌出土文書や正倉院文書にもみられ、無常観が濃厚です。十一世紀後半に成立した伝空海「九想詩」でも無常観が卓越します。不浄観から無常観への変化は本願寺第三代宗主・覚如の長子である存覚の『存覚法語』と第八代宗主・蓮如の「白骨の御文章」（第五帖第一六）の間にもみられます。『存覚法語』では九相がすべて言及されているのに対し、蓮如では第二「(肪) 脹相」から第七「散相」までが無視されています。つまり、最初と最後だけが取り上げられ、九相観は実質的に勧められていません。中間段階をカットすることで、むしろ無常観を際立たせているわけです。しかも、蓮如は、九相観に必須の「野捨て」を選ばず、火葬に付すことを前提にして「白骨の御文章」を仕上げています。

九相図は本物の死屍にかわって観想の補助具として用いられた図像とされます。それは現存する十三世紀後半に成立した「人道不浄相図」に代表されます。掛幅形式画で、江戸時代に絵解きに用いられ、勧進の具としても役立った、とされます。

「人道不浄相図」では、九相が右最上部からほぼジグザグ状に下って配列されていますが、各相は『往生要集』ではなく、智顗『摩訶止観』（巻第九の上）に基づいて描かれているようです。『往生要集』が述べる「九相」は簡略で、各相をはっきり分けて説明していません。「人道不浄相図」の第一相「新死相」の絵相では、身体の色がまだ変わらずにいます。死相が進行した印象も強くありませんが、薄縁《うすべり》の上に置かれた若い女は打掛《うちかけ》がはだけ、右肩をおおきくむき出しにしています。左足も膝から下を見せています。ここでは死屍が戸外に置かれているわけで、風によって衣類が乱れ、あられもない姿をさらしています。薄縁のそばに供養のための盃状の器が描かれていることから、衣服の乱れは供養の人が来なくなってからやや時間が経っていることを示しています。

鎌倉時代の十四世紀前半に成立した絵巻「九相図巻」もほぼこれと同様の絵相です。ただし、ここでは「上畳《あげたたみ》」に死人が置かれています。また、背景が描かれていないので、戸外か室内かは不明です。そのような違いを考慮しても、両作品には共通の祖本があった可能性が否定できません。なお、後代の九相図は、貞享五（一六八八）年の銘がある「九想観法図絵」を除き、たいていは高貴な女性が、侍女にかしずかれ、贅沢な寝具をかけられて死亡している絵相です。腐敗・白骨化の状態との激しい落差を表わそうとしたのでしょうか。

「人道不浄相図」では、無常を象徴するものとして「水」が表現されます。日本仏教では、源信の時代以前から「無常観」が重んじられていたのですが、初期の九相図では「不浄観」が卓越し、次第に「無常観」を表わす植物の盛衰や山水が描かれた、と考えられます。無常観が色濃くみられるようになったのは伝空海作および伝蘇東坡《そとうば》作の「九想（相）詩」からとされます。空海作と伝えられる「九想詩」は十一世紀に成立したとされます。これを換骨奪胎し改作したものと推定されるのが伝蘇東坡「九相詩」です（青木清彦「前掲論文」）。これが絵巻に取り込まれ、さらに無常を詠う和歌十八首が添えられ、現存最古の「九相詩絵巻」が成立します。文亀元（一五〇一）年のことです。「九相詩絵巻」では仏教色がうすまり、漢詩や和歌などの文芸色が前面に立ちます。

相澤正彦氏（前掲論文）は、室町時代の二つの九相詩絵巻（九博本、大念佛寺本）について、これらに描かれた草花のほとんどが秋のもので、「すべてが河原の干潟に生出ずる植物である」ことに注目し、さらに「九博本の絵は屍が河原に棄て置かれているというシチュエーションに対する明確な意識を持っている」と、指摘します。第一段「新死相」にみられる盛りを過ぎて散る桜が「無常観」を導入し、第二段以降は薄、萩、野菊、蔦などの秋の植物が精緻に描かれ、背景に描かれている笹や松の風情が荒涼とした印象を与えます。河原に死体が捨てられている図は古代・中世の墓制を反映するものと考えられます。下層階級の人々の場合、野原や墓場に遺棄されたのですが、平安京では鴨川などの河原が多かったようです。

さらに、九博本で注目すべきは奥書です。「これを一見したものは必ず阿弥陀を十遍唱えよ」(大意)と書かれています。相澤正彦氏(前掲論文)は「この言辞には、もはや九相図が本来的に有した観想という目的は感じられず」、九相図制作の意図が追善の功徳による浄土往生と意識されていた、と推定します。九博本や大念佛寺本は、前代の九相図にくらべて、遺体の変容過程が自然なものになるように整理され、江戸時代初期(慶安四(一六五一)年)の年記がある「九相詩絵巻」(佛道寺本)の端正な画風につながります。

九博本・大念佛寺本の二本の絵巻の他、室町時代の末期に製作されたとみなされる東京大学国文学研究室本(東大本)も、第九段「古墳相」の絵に、正方形の土檀を築き、その上に卍印の小幡を着けた棒状のものと五輪塔がたてられているのが注目されます。収骨して、この檀の下に納骨したのでしょう。相澤正彦氏(前掲論文)が指摘するように、風葬に処せられた遺体が自然に還るというモチーフが改変され、人工色が加えられているわけです。なお、「古墳相」の絵相は江戸時代の版本の九相絵に強い影響を与えました。江戸時代にはいると九相図にかかわる版本が多く出るのですが、追善供養を強調する傾向が強まります。火葬の場面を描くなど、葬送儀礼に重点が置かれる傾向もあります。『九想詩絵抄』の「第一新死想」に豪勢な葬列が描かれていますし、弘化五年(十九世紀)の『大経五悪図会』の第七「焼想」で火葬、第八「白骨想」で箸をつかった収骨、第九「墓想」

で墓石にむかって遺族が追善法要を営んでいる様子が描かれます。〈図㉗〉

江戸時代には九相図の絵解きが盛んに行われます。「人道不浄相図」の摸本が制作され、出開帳などで勧進の具となり、寺院経営に資しました。あらたに作られた「小野小町九相図」「檀林皇后九相図」を絵解きする台本も作られました。ただし、絵解きは昭和戦後に廃絶するに至ります。

〈図㉗〉『大経五悪図会』（西山美香蔵）
第八「白骨想」の収骨

小野小町説話は平安後期から創り出されました。その説話は「美人驕慢説話」と「老衰落魄説話」が組み合わさったもので、後者には死後の説話として「小町髑髏説話」が付随するようになりました。髑髏説話は九相の「白骨観」と結び付き、九相図の主人公に仕立てられたのは江戸時代になってからで、それ以前は九相図との関連は薄く、「老衰落魄説話」が主として創り出されたようです。鎌倉時代初期以前のことでした。すでに流布していた小町落魄説話をもとにして、富裕な家の娘が零落する内容の『玉造小町子壮衰書』が作られたとされます（細川涼一氏（「小野小町説話の展開」『女の中世』）。小野小町と玉造小町が同一人物であるとの説は鎌倉時代中期には定着していたようです。小町落魄伝説が「歌い髑髏譚」、「髑髏報恩譚」に発展し、そこから小町九相図が形成されたわけです。

小野小町は、驕慢の末に落魄し、野原をさまよい、髑髏をさらしても、なお成仏できないで「あなめ、あなめ」と、嘆いたのですが、檀林皇后の生涯はこれと対照的でした。檀林皇后が日本人として初めて禅の悟りを開いた女性との認識は中世の禅林でひろがっていました。「実際に上流階級の女性たちが夢窓に帰依し、夢窓が彼女たちのために禅の教えを説いていた」（西山美香「前掲論文」）とされ、夢窓は彼女たちに檀林皇后を「聖なる女性」として賞賛したとされます。「女人教化」を目的に檀林皇后の九相観説話を説く下地が中世で用意されていたのでしょう。「女人教化」とは、女性がわが身の不浄を自覚し、不浄・無常を悟るべく仏道にはげむ気持ちにさせることでしょう。古くは、九相観はもっぱら男性の女性に対する肉欲を滅却させる方向に働き、女性は男性が不浄・無常を悟る媒体に過ぎませんでした。

檀林皇后は六十五歳で崩じ、遺言で、遺骸を嵯峨野に捨てさせ、人に愛着の念を断つように、腐乱し穢れた姿をさらしたそうで、「われ死なば焼な埋むな野に棄てやせたる犬の腹を肥せよ」という風葬の歌を遺したと伝えられます。自ら不浄の姿をさらして、人を悟道に導く話は次章で扱う中世説話集『閑居友』の下巻第九話にもみられます。『閑居友』の作者・慶政《けいせい》が読者として想定したのは上流階級の女性でした。なお、夢窓疎石が九相観にはげんだ時代は『閑居友』の成立時期に近いともいえます。

九相観は、本来は、自力・聖道門の修行でした。ところが、中世後期には他力・浄土門の影響が絵巻にもおよび、称名念仏による追善供養の意味が九相観に加わります（九博本「九相詩絵巻」）。この傾向は「大経五悪図会」（弘化五〔一八四八〕年）の第九「墓想」の墓参図に明確にみられます。さらに、江戸時代の九相観説話には、九相観が浄土門に入る継起となるものもあります（「二人比丘尼」）。

第三章　中世の九相観説話

『今昔物語集』『宝物集《ほうぶつ》』

中世の不浄・無常観を主題とした説話は慶政《けいせい》『閑居友』、鴨長明『発心集』で一時期に盛んに取り上げられました。十三世紀前半のことでした。それまでは不浄観系統の説話はわずかにみられるだけでした（廣田哲通『中世仏教説話の研究』、勉誠社、一九八七年、113頁）。『閑居友』などに先行するのは『今昔物語集』『続本朝往生伝』『宝物集』くらいですが、『続本朝往生伝』第二十九話、第三十三話にみられる往生伝は説話とするには短すぎます。また、十一世紀後半に、伝空海の「九想詩」が成立していますが、これは説話ではありません。和様化されてはいますが、漢詩です。

平安時代中期、源信は『往生要集』で人道の不浄相を活写し、その不浄を観想することによって婬欲の情に溺れる病を癒せる、と説きました。仏教界には不浄界から離脱するのに九相観が有効であるという考えが以前からありました。今が末法世界（末代）であるという意識が平安時代末期から鎌倉期にかけて高まり、浄土往生を願う機運にのって、「厭離穢土《え(お)んりえど》」につながる九相観説話の編纂が十二世紀頃からぼつぼつ始まります。九相観説話は、人道の不浄・無常相から離脱し浄土に往くための、文芸による手助けになります。

文人貴族・大江匡房《おおえのまさふさ》が康和三（一一〇一）年頃に編纂した『続本朝往生伝』（第三十三話）に、三河守大江定基《みかわのかみおおえのさだもと》という中級貴族が九相観を修し、出家したとの記録があります。愛する妻に死なれ、「ここに恋慕に堪へずして、早《すみやか》に葬斂《そうかん》せず、かの九想を観じて、深く道心を起し、遂にもて出家したり」と、簡潔に書かれています。その後、長年にわたり、仏法を修行し、家の貧富をえらばず乞食《こつじき》して歩き、この世のことを露ほども気にかけず、如意輪寺に住み、寂心を師と選び、師の死後は渡海して、宋で敬われた、などの事蹟が書かれています。なお、寂心は俗名・慶滋保胤《よししげのやすたね》。『日本往生極楽記』の著者で、文学サロン的な念仏結社である勧学会の発起人の一人でした。『往生要集』の著者・源信とも親交があり、念仏往生の結社・二十五三昧会のために『横川首楞厳院《よかわしゅりょうごんいん》二十五三昧起請《きしょう》八箇条』を書いています。その末尾に「寛和二（九八六）年、九月十五日」の日付があります。

『続本朝往生伝』（第二十九話）のもう一つの九相観（不浄観）でも、同様に愛欲を断ち、悟りに入る薬と見なされます。これに類似する話として、明和五（一七六八）年に成立した上田秋成（一七三四―一八〇九）の『雨月物語』に収められた「青頭巾《あおずきん》」があげられます。こちらは、稚児趣味が嵩じて死体を食う「食屍症《しょくしし》」の描写が印象的です。第三十三話の大江定基が愛人の口を吸う話をはるかに超えています。小田晋（「若者たちと自家用車文化」『狂気の構造』青土社、一九九〇年）は、「青頭巾」の説話に「同性愛―死体愛―人肉嗜好へと発展する多形的倒錯」がみられ、これが現実にありえることは比較精神医学的調査によって認められている、とします。なお、小田は、「続本朝往生伝」（第二十九話）および「青頭巾」において、このような性倒錯が「往生の契機」、「聖なるものへの一つの道」となっていることが重要であると考えます。「無常観」すなわち「執着からの解放」がこうした説話（怪話）のテーマともいえるでしょう。

『雨月物語』では、食屍症の法師に、快庵禅師は二句の公案を与え、青頭巾をかぶせて、肉欲の迷いから脱するように諭します。翌年に再会した法師はいまだ成仏しきれずに公案をつぶやいていました。それを見た禅師が一喝して禅杖を法師の頭に打ちおろせば、青頭巾と白骨だけが草葉の中に残ったとのことです。禅師の一喝で白骨となって往生したこの話には「歌い骸骨」と通底する部分もあります（本書第四章の**【小町伝説と『日本霊異記《にほんりょういき》』の髑髏譚】**参照）。

『続本朝往生伝』（第二十九話「沙門賢救」）の大意を紹介します。

　沙門・賢救は因幡国に住み、その徳行はその地を覆い、その威力は近江守よりも大きかった。五間の密室を造り、人には見させず、ひとりでここに入って、坐禅観想した。ある人が言うには、昔、愛する小童が早くも夭折したが、すみやかに屍を埋めず、死後の相を見て、不浄観を起こしたとのことである。この観法が成就して、悟りに入ってから日は浅くない。少しでも煩悩の元を断たないわけがない。臨終正念のうちに、端坐念仏して、入滅された。

大江定基の九相観については、十二世紀中葉に成立した『今昔物語集』の巻第十九第二話「参《み》河守《かわのかみ》大江定基《おおえのさだもと》出家語《しゅっけすること》」にやや詳しく書かれています（『宇治拾遺物語』巻第四第七話も大同小異）。『今昔物語集』では、九相観を主人公が意識的に修したとはされませんが、九相のうち「新死相」を身近に見て、これを機縁に発心した、とされます。無常観に溢れる蘇東坡の「九相詩」の「第一新死相」について、小松茂美氏による訓読をあげます（小松茂美〔編〕『餓鬼草紙　地獄草紙　病草紙　九相詩絵巻』日本絵巻大成7、中央公論社、一九七七年、111頁）。愛人の死に接した定基の嘆きが聞こえるようです（現代語訳は本書第二章の**【伝空海・蘇《そ》東坡《とうば》作「九想（相）詩」とその後】**参照）。

平生の顔色は、病中に衰え、芳体眠るが如《ごと》し。新死の姿、
恩愛の昔の朋《とも》は、留《とどま》りて猶《なお》有り。飛揚《ひよう》の夕魂《せきこん》、去って何《いずく》にか之《ゆ》く。
顔花忽《たちま》ちに尽く春三月。命葉《めいよう》零《お》ち易《やす》し秋一時《いっとき》。
老少本来《もとより》定《じょう》境《きょう》無し。後《おく》れ前《さき》だち遁《のが》れ難《がた》し速やかにと遅《おそ》しと。

『今昔物語集』巻第十九第二話の大意を紹介します。

今は昔、三河守大江定基という慈悲深く、学才にすぐれた人がいて、三河守に任じられた。そうしているうちに、以前から連れ添った本妻に加えて、若く年頃の美しい女に心を寄せ、どうにも離れがたい想いを抱いていたが、本妻がこれにひどく嫉妬し、たちまちに夫婦の契りを忘れて、別離した。そこで、定基はこの女を妻にしていたが、一緒に任国の三河国に下った。

さて、この女は三河国で身に重い病をうけて、長らく病悩に苦しむようになり、定基も心の限り嘆き悲しんで、様々の祈祷をしたのだが、その病が治ることなく、日が経つにつれ、女の美麗な姿も衰えていった。定基はこの様子を見て、たとえようもなく悲しんだが、とうとう女は病が重くなって死んだ。死後、定基は悲しみに堪えられず、長く葬送することをしないで、女を抱いて共に寝たが、数日経つうちに女の口を吸ったところ、その口から何とも言えないくさい臭いが出てきた。そこでうとましくなって、泣く泣く葬ることにした。その後、定基は「この世は憂《う》きものだ」と悟り、たちまち道心を起こした。三河守は京に上り、道心を固め、名を寂照《じゃくしょう》とあらため、髻《もとどり》を切って法師になった。その後、寂照は乞食をして門付けした時、元の妻に会って、嘲られたものの、恥じる様子をまったく見せなかった。その後、寂照は中国に渡り、皇帝に鉢を飛ばしてみせるなど、法力を発揮したと伝えられる。

大江定基が九相観を機縁に出家するのと類似する話が『今昔物語集』巻第十九第十話「春宮蔵人《とうぐうのくらうど》宗正出家語《むねまさしゅっけすること》」にみられます。ただし後半は愛する家族との別離をモチーフにする釈迦や西行の出家譚に類似します。また、死別した女のおぞましい有様の描写は『雑談集《ぞうたんしゅう》』第四巻第十話「京ニアル女房ノ女《むすめ》ニ後《おく》レテ道心発ス事」にもみられます。この部分の描写は両説話集でほぼ同様です。『雑談集』では、ある女房が絶世の美女とも思える娘を十六歳で病気のために失い、涙に暮れ、葬送もせずに七日たったところで、いま一度棺を開けてみると、恐ろしい死相に変わっていた、という内容です。女房はあまりの臭気にむせび、顔をつよくおおって立ち退きました。この説話の最後は「三千の寵愛をうけても足りない美形は一つの鬼になっていた。恐ろしく、うとましいこと、たとえるべき物はない。我が子の死を悲しむのでなければ、どうして棺を開けて見たりするだろうか。かくして葬送した後も、二、三年涙にむせんだそうだ」で結ばれます。この親が、その後、仏道に入ったことは表題から分かります（『今昔物語集』巻第十九第十話では出家譚が九相観譚につづきます）。『雑談集』は嘉元三（一三〇五）年に臨済宗の無住道暁《むじゅうどうぎょう》（一二二六―一三一二）が書いた説話集です。

『今昔物語集』巻第十九第十話「春宮蔵人宗正出家語《とうぐうのくらうどむねまさしゅっけすること》」の大意を紹介します。

今は昔、宗正《むねまさ》という蔵人《くろうど》がいて、年が若く、容姿端麗で正直な心の持ち主だったので、東宮はこの男を気に入って、何かと使われた。

ところで、この男の妻は姿が端正で、心も優雅だったので、男は限りなくこれを愛し、睦まじく暮らしていたが、その妻が重い流行病《はやりやまい》にかかり、何日も病に臥せっていた。夫は心から嘆き悲しみ、様々な祈祷などをしたのだが、ついに死んでしまった。

それから、夫がいかに深く愛していたにしても、そのままにしておくことはできないので、棺《ひつぎ》に納め、野辺送りまでまだ日があり、十日余り家に置いたのだが、夫はこの死んだ妻が限りなく恋しく、たまらずに棺をあけてのぞいてみた。すると、長かった髪が抜けおち、枕元にばらばらに乱れ落ちていて、愛らしかった目は木の節が抜け落ちたように、ぽっかり穴があいていた。身体の色は黄黒に変わり、恐ろしげで、鼻柱は倒れ、穴が二つ大きくあいている。唇は肉が落ちて薄紙のように縮んでしまっているので、白い歯が上下に噛み合わさったまますべて見える。その顔を見ているうちに、見るに堪えないほど恐ろしく思え、元のように蓋をして、去った。死臭は口鼻をさすような言いようもないひどい臭さで、息がつまってむせるようだった。

その後は、この顔の面影だけがまぶたに焼きついて離れず、それからは深く道心が起こったので、「多武峰《とうのみね》の増賀上人こそまことに尊い聖人であられる」と聞いて、「弟子にしてもらおう」と、思いつき、この世の栄花を捨てて、人知れず家を出て行こうとした。ところが、四歳の女の子がいた。あの死んだ妻の産んだ子である。姿かたちが端正なので、この上なく可愛がっていた。母が死んでからは一緒に寝て離れなかったのだが、今宵は夜明けに多武峰に行くつもりであるので、乳母の所にやって抱き寝をさせてあった。ところが、大人でさえも知らせていないこの出家を幼子が気付いたのか、「父上、わたしを捨ててどこに行かれる」と言って、袖をつかんで泣き出した（以下略）。

蔵人の出家を決定づけた妻の「死後変容」の姿は、死後十日余りにしては遺体の損傷が進み、なかばミイラ化しているのが、不自然ではあるのですが、「人道不浄相図」の第六段にある「青瘀相」に近い姿を描写しているようです。ただし、時代的には、『今昔物語集』の編者が十三世紀後半に作られた「人道不浄相図」を見て書いたとは、考えにくいでしょう。

次に、『宝物集』巻第六第八の三「不浄観」に、九相観にふれた説話（法話）があります。『宝物集』は初期の説話集で、初稿本は一一八〇年までに成立したとされます。六道輪廻の苦しみを脱するには成仏するしかなく、そのための十二の道のうち、第八「観念」で不浄観の方法に言及します。大意を紹介します。

次に不浄観を実践せよと言うのは、我が身も人の身も不浄であることを観じることである。たとえば、絵に描かれた甕の中に色々の糞を入れたようなもので、くわしくは横川の源信僧都の『往生要集』に書いてある。

春秋時代に美女がいて、ひとたび微笑むと、見る人は千金を惜しまなかったのだが、野原、墓地のへりに捨てられると、その姿が変わり、白い膚は青く腐り、赤い唇は黒くなって、口から白い虫がたくさん出て来て、不浄であること限りなく、原形をとどめず爛《ただ》れくさるのである。遠くまで、その腐臭がひどく臭い、まったく耐えられる人はいない。犬は手を喰って東西に走り、烏は眼をほじって南北に飛び、ついに蓬の根元の塵となって、骨が残っているだけになる。心ある誰がこれに愛着して、手をとり、口をすい、床を一つにするだろうか。このように観想すると、遠い昔から重ねてきた罪障が消滅して、極楽浄土に往生する因を得るのである。

それゆえ、恵心僧都源信は、「この不浄観ができないならば、いつも墓地の中にあって、死人の屍《かばね》を見よ」と、教えられた。

それだけでなく、このような観念の働きで、罪が功徳になり、悪が善に変わるのである（下略）。

同じく、『宝物集』の巻第七の第十「善知識」に、九相観にからめて文人貴族の源《みなもとの》兼長《かねなが》（生没年未詳、一〇五七年には生存）の発心譚があります。

源兼長は愛おしい妻をもっていたが、とても遠い所ではなくて、二、三日ばかりの道程の所へ出かけるとして、「いまにすぐ帰ってくる」と言って、夜の間ずっとあれこれ話しこんでから出かけた。約束どおり、しばらくして帰って来たものの、何となく心がさわいだので、やがて妻のもとに行ってみれば、召使いの女童がしきりに泣いて門のところに立っていた。ますます心が乱れて「いったいどうしたのか」と、いそいで聞くと、「すでに奥方様が死なれたので、昨夜、鳥部野の墓地へ野辺送りしました」と言う。思いもよらないことなので、すぐに鳥部野のあたりに行ってみれば、長くのびた髪が付いた頭を犬がかかえて喰らいついているのを見ると、歯には鉄漿《おはぐろ》をつけているので、人目みれば妻と見間違うことがないのが悲しいと思い、すぐに法師になって、次のように詠んだ。

有《あり》しこそ限り也けれ逢事《あふこと》をなど後《のち》の世とちぎらざりけん

（さっき逢った時が最後だったのだなあ。あの時、後世にも逢おうと、なぜ約束しなかったのだろう）

『閑居友《かんきょのとも》』

さらに、十三世紀前半には、九相観説話が盛んに編纂されました。その代表が『閑居友』です。全三十二話のうち、上巻の第一九、二〇、二一話と下巻の第九話の四話が九相観説話です。作者は天台僧の慶成《けいせい》と推定され、跋文から判断すると承久四（一二二二）年に成立したようです。

グロテスクとも言える不浄相の描写だけでなく、執筆の意図が注目されます。まず、読者が上流階級の女性であったらしいことが推測されます。上巻第四話「空也上人、あなものさはがしやとわび給ふ事」（ああ、もの騒がしいと当惑された事）の末尾に、「すみやかにこの空也上人のかしこきはからひにしたがひて、身は錦の帳の中にありとも、心には市の中にまじはる思ひをなすべきなめり」（〔大意〕山中の寺で大勢の弟子に囲まれているよりも、都会で乞食同然に一人で過ごす方がよほど勝っているという空也上人の尊い計らいにしたがって、錦の帳の中に座す身分の人間であっても、心は市の中で大衆と交わる思いをなすべきであろう）と、読者が高貴な身分の女性であることをほのめかす文言があります。上巻第一三話にも、「帳の外《ほか》を出《い》でず、褥《しとね》の上《うへ》お下《くだ》らず」（几帳の外に出ず、敷物の上から下りない）高貴な身分の姫君に、行儀作法を説く部分があります。

下巻末尾では、読者である身分の高い人に、この本を書き上げる予定であることをかねて申し上げていたので、中断していた執筆を再開したのだが、予想外の非難をうけるかもしれず、この書を憐みの心でどうか手元に置いて、他人に見せないでほしい、と懇願しています。高貴な女性を教化する目的で書かれたということは、不浄観（九相観）が男性だけでなく女性をも開悟の方向にむかわせる機縁となります。

以下、上巻第一九～二一話、下巻第九話について、九相観にかかわる部分を大意紹介します。第一九話に類似する話が『撰集抄《せんじゅうしょう》』（十三世紀中葉に成立）の巻第七第九「信州の義景に宮仕せる僧の事」にみられます。素性の知れぬ乞食僧が不浄観を修していたことを知って感銘をうけた話です。『撰集抄』は、かつては、西行に仮託されましたが、西行没後に成立した、と推定されています。まず、この話の概要を紹介します。なお、この説話にある「不浄観」は、自分自身の不浄を対象にするのか、それとも他人の不浄を対象とするものか、分かりません。自分の不浄は「五種不浄」観法の対象にあたり、他人の不浄は「九相観」の対象になるともいわれますが、五種不浄の「究竟不浄」観法は「九相観」と重なるなど、不分明なところがあります（「五種不浄」については本書第二章の**【『存覚法語』の不浄観と「白骨の御文章」の無常観】**参照）。

まず、『撰集抄』、ついで『閑居友』の四話の九相説話について、順次に現代語訳をあげます。

『撰集抄』巻第七第九話

昔、信州の義景という武士のもとに、みすぼらしい僧が来て、使ってほしいと言った。「どこの者か」と聞くと、「遥か遠くの者で、妻を数年来なくし、何をして命をつないだらいいのか分からないまま、乞食をしていた」と、言う。主人は憐れんでこの者を雇ったが、この男は一日に一合ばかり、正午頃、ただの一度しか食事しない。うまいものを食うように勧めても食わなかった。口数は少なく、気持ちよく働き、誰もがこの者に好意をもった。一年ほど経った頃、理由は分からないが、かき消すように姿が見えなくなった。皆が泣き悲しんだが、甲斐はまったくなかった。

さて、この僧の住んでいた所を探してみると、とても素晴らしい筆跡で日記を書いていた。内容をあらためてみると、ある日は雑念をはらう積もりで、念仏を三百遍となえ、その日は夜の八時頃から朝の八時頃まで坐禅した、とある。次の日は不浄観、あるときは唯識観などを修している。もっぱら観法のお勤めの日記である。これを見ると、増々心が暗くなり、涙を流さない者はいなかった。

どんな智者が徳を隠して、召使の奴となったのだろうか（下略）。


『閑居友』上巻第一九話「あやしの僧の、宮仕《づか》へのひまに、不浄観お凝《こ》らす事」

むかし、比叡山に雑用をする中間《ちゅうげん》法師がいたが、その僧は主人のために律儀に振舞い、主人も気にかけて可愛がっていた。こうして年月が経つうちに、夕暮れになると必ず姿を消し、翌朝すぐに帰って来るようなことがあったので、主人は奇妙なことと思い、麓の坂本に女でもいるのだろうか、などと推測した。帰って来た時も、ふさぎこんで、下を向いて他人に顔を見せない。普段、涙ぐんでばかりいるように見えたので、通っている女と離れていることに満足できないで、そんな様子なのだろう、と主人も他の人も思い込んだ。

さて、ある時、人を尾行につけて様子をさぐると、西坂本を下って蓮台野に行く。尾行が「あやしいことだ、何をするつもりか」と見ていると、あちこちに分け入ったのだが、言葉では言えないほど気味悪い腐乱死体のそばで、目を閉じたり開いたりすることを繰り返し、声を惜しまず泣くのである。夜の間ずっとこのようにしていたのだが、夜明けの鐘が打たれるころになると、涙をふいて帰路についた。この尾行役は思わず悲しく感じ、涙を流すこと限りがなかった。尾行が帰って報告するには、この人があやしくしょんぼりしているのは道理にかなっていて、実は不浄観を修するために姿を消したのだという。すぐれた聖の行いをみだりにあやしいと思ってそのひとを汚《けが》した罪は免れがたく、悲しいのです、と言う。主人は驚き、その後はその中間法師をとても敬い、普通の人の言動とは思わなかった。

さて、ある朝、粥を持って来たので、あたりに人がいないのを見すまして、「お前は不浄観を凝らすことがあるのか」と言うと、「そのようなことがどうしてあるのでしょうか。そのようなことは智慧のある人がされることで、私がそのようなことをするような人間でないことは、みなさんが知っておられます」と、答えた。主人は、「どうしてそのようなことを言うのだ。皆が知っていることだ。あれ以来、口にこそ出さないが、心中ではお前のことは尊く、ありがたく思っているのに、よそよそしく隠し立てするのは残念だ」と、言うと、「実は、そのことについては、何事も深く知ってはいないのですが、不十分ではあるものの心得ていることがあります」と、言う。主人は「さだめて、霊験があることだろう。その粥を観想してみせてくれ」

と言った。中間僧は角盆を粥の入っている鉢にかぶせ、しばらく観想を凝らしてから角盆を開けてみせたところ、粥がすべて白い虫になっていた。それを見た主人は感涙し、「必ずわたしを菩提に導いてください」と、心から頼んだ。とても有難いことである。

天台大師・智顗の著作『次第禅門』に「愚かな者でも、塚のほとりに行って、腐乱した死人を見れば、観想が成就しやすい」とあるので、この人もそのようにしたのだろう。また、『摩訶止観』の中に、観想のことを説いて、「山河もみな不浄なり。食物、着物も不浄なり。飯は白い虫のようだ。衣は臭いものの皮のようである」などとあるので、かの中間僧の観想はすばらしく、自然と聖教の文に合致している。だから、天竺のある比丘は「食器は髑髏のごとし。飯は虫のごとし。衣は蛇の皮のごとし」と説き、唐の道宣律師も「木はこれ人の骨なり、土は人の肉なり」と説いている。

このような偉い人たちが説き置くことを知らないはずの身分の低い僧がおのずからその教えを行っていたこと、頼もしいことである。たとえこの中間僧のようにその観想を成就するまでも行かなくても、その道理が分かりはじめたなら、岩木とは違い、ものに感じる心がある人間であれば、五欲の思いがだんだんと薄くなって、昔とはちがう悟りのある心になるであろう（下略）。

上巻第二〇話「あやしの男、野原《ばら》にて屍《かばね》を見て心を発《おこ》す事」

そう遠くない昔であろうか、山城国の男のことである。相思相愛の女がいたが、どうしてか疎遠の仲になってしまった。この女が繰り返し言うには、このように夫婦仲も落ち着かないように思われるので、お互いに歳をひどくとらないうちに離婚して、別々に暮らすのも、人情のひとつの在り方でしょう、と言う。この男は驚いて、「離れがたく思う心は、昔と少しも違わない。ただし、一つ、疎遠の仲のように思われてしまう事がある。かつて、よそに行こうとして、野原のあるところで休んでいると、死んだ人の頭蓋骨があったので、つくづくと見つめているうちに、嫌気を催し空しくなって、誰でも死んだ後はこのようになるのだ。この人もどのような人だったのだろうか、大切にされ、敬慕されていたのだろうか。今は、とても恐ろしく気持ちの悪い髑髏となっている。今より、我が妻の顔の輪郭を探って、この髑髏と同じ形かどうか見てみようと思い、帰宅してから、手で触れて骸骨の形と合せてみると、言うまでもなく、どうして違うはずがあろうか。その事があってから、何となく心が上の空になって、このように、あなたが不審に思うほどになってしまったのです」と言う。

かくして、数か月が過ぎ、この男は妻に「出家して、その功徳で仏国土に生まれれば、必ず娑婆に帰ってきて、縁のある人を極楽に迎えようとする時には、あなたを極楽に連れて行くことで、自分の愛情の深さを見てもらいます」と言って、たちまちどこかに姿を隠してしまった、ということである。ありがたく尊い心である（下略）。

上巻第二一話「唐橋河原《からはしがはら》の女の屍《かばね》の事」

まだかなり幼かった頃の事である。唐橋（九条坊門通と鴨川が交差する地点か）の近くの河原に、女の死体を遺棄した事件があった。この女は、自分の仕えている女主人の夫のもとに忍んで逢いに行くので、主人の女がひどく嫉妬して、男が外にいるあいだに、色々のはかりごとをめぐらし、言葉では言い表わすことのできないほどひどいことをして、密かにうち捨てさせたものだった。死んだ女は年が十九になっていた。こんな恐ろしい事だというのに、世間の人の心の思いやりのなさといったら、そこに行き集まる人が隙間もなく立ち並ぶような有様になったことに見られるのである。

故郷の邸宅の近くだったので、見物に行ってみたのだが、まったく人の形ではなく、大きな木の端のようで、足・手もなくて、汚《きたな》らしくけがらわしいことは、喩《たと》えようもない。たとえ大海の水を傾けて洗っても、やはり浄めることはむずかしい。ただ遠く離れて見るだけでも、忍び難く、耐え難いのに、誰がともに布団をかさね、枕をならべるのであろうか。

身分の高下は違っていても、屍の腐乱していく様子は、まったく同じであろう。膚皮が肉を包み、筋・骨にからみついているので、こころが惹かれるように見え、その上に、楚山の景色を想わせる青い黛《まゆずみ》色を鮮やかに描き、蜀の錦の衣を着て、香の匂いを魅力的にたきしめているからこそ、慕《した》わしく思われるわけである。しかし、風が吹き、日に曝《さら》され、皮が破れ、筋がとろけて、浄《きよ》い草葉をけがし、大空をさえ臭くする時には、誰が肩を組み、言葉をかわすだろうか（中略）。これまで述べてきた死体変相の有様は気味が悪いのだが、生前の名残をわずかに見るところも残っている。しかし、ついに白い木の枝のように、野原の塵と朽ちはてて、ただ蓬《よもぎ》の根元の白露と消え、浅茅《あさじ》の野原に秋風を残し、いささかも名残がなくなれば、今はわずかに、夢・幻のように思えるだけである（下略）。

下巻第九話「宮腹《ばら》の女房の、不浄の姿《すがた》を見《み》する事」

昔、僧都で高貴な身分の人が、皇女を母とする女房に恋心をいだくことがあった。恋しさに耐えられなくなったのか、けんめいに口説き、心底を表わしたが、この女はちょっとの間ためらって、「どうしてそこまで悩む必要があるのでしょうか。実家に退出したら、必ずお知らせします」と言った。この人、ただ通りいっぺんの情けだろうと思ったが、そうはいってもやはり、打ち明ける以前とは比べものにならないくらい、その女房のことを思って待っていた。

こうしているうちに、やがて、「このほど実家に退出しました。今宵はここにおります」と言ってきた。そこで、女に会う支度をして出かけると、その女が会いに出て来て、「仰せのことは、おろそかにできないほど重大でしたので、このように出てきました。ただし、この身の有様が臭くけがらわしい事、たとえようがありません。頭の中には脳髄がいっぱいに満ち、膚《はだ》の中に肉・骨がからみついています。すべて、血が流れ、膿汁《うみしる》が垂れて、まったく近づくことが出来ないのですが、このようであるのを様々の他の匂いを利用して、わずかばかりこの身を飾っていますから、何となく心が惹かれるように美しくなっています。その本当の有様を御覧なさるなら、きっと気味が悪く、恐ろしく思われるでしょう。こうしたことを細かに説き申し上げようと、『実家で』と言ったのです」と、言って、「誰かいるか。火をともしなさい」と、命じると、従者が切灯台に火をとても明るくともした。

そして、引き物を上げながら、「このようになっているのを、どうしてこらえてご覧できるのでしょうか」と、言って、現れ出てきた。髪はぼうぼうとほつれ乱れ、けば立ち、鬼などのようで、上品な感じだった顔も青いところや黄色いところなど斑《まだら》に変わって、足などにも元の色はなく、見苦しく、汚く、血がところどころに付いた衣にしみ込んだ臭気、まことに臭く、耐え難い有様で、前に出て、しきりに涙を流して泣き、「毎日の化粧を止めて、ただ我が身を成り行きにまかせていますので、姿も着る物もこのようになってしまうしかありません。そなたは、仏道に親しい御身ですので、いつわりの容姿をお見せしても、いろいろと恐れることはないはずです。それで、このように、気を許してこの姿をお見せしたのです」と、くどくど説いた。

この人、まったく物を言わなかった。しきりと泣いて、「善知識に会えて、心を改めました」と、車に急いで乗って、帰ったとのことである。

本当にすぐれて賢い女の心遣いである。今の世でも、これほど恐ろしく見えるまでに至ることはないのだが、とり繕《つくろ》うことをしなくなると、人の身はとんでもなく醜いものになってしまうのである。水面に映った自分の衰えた容貌を見て、絶望のあまり死んでしまった故事があり、それほど衰えて、人に見向きもされない顔立ちは悲しいものにほかならない。小野小町の故事を書き記したものを見れば、姿も着る物も見る人をむなしく思わせるものである。まして、顔立ちのそれほど良くない人が成り行きにまかせているのは、この女房の粧《よそお》った姿とどうして異なるのであろうか。まして、息が止まり、身が冷えて、日夜を重ねる時には、どうなってしまうのだろうか。あまつさえ、膚《はだ》が裂け、膿汁《うみしる》が流れて、筋がとけ、肉が溶ける時はなおさらである。本当に、心を静めて、ゆったりと落ち着いて思うべきである。

『閑居友』にある四話の不浄観説話は、その修法者がすべて男で、不浄の身をさらすのは、性別の分からない上巻第一九話を除き、女です。つまり、女性の不浄相を観想することで男性が発心するという九相観の古典的な型になっています。ところが、小島孝之氏〔校注〕『閑居友』（新日本古典文学大系40『宝物集　閑居友　比良山古人霊託』、岩波書店、一九九三年、所収）によれば、下巻第九話について、「本話は、女性の方が自らの醜い姿を晒すことによって、僧の妄念を晴らしたという、女性を中心に据えた話になっている」ことが注目されます。本書第二章の【檀林《だんりん》皇后九相図】でふれたように、高貴な女性が自発的に不浄の身をさらし、観想する男性を仏道に向かわせるという説話は、近世に至り「檀林皇后九相観説話」に発達しました。

『閑居友』が高貴な女性に献呈する意図で書かれたことは、教化の対象が女性であったことを示します。不浄観説話がかつては男性の開悟を目的としたことから、教化の対象が女性を含む層に広がる傾向が始まったことになるでしょう。『閑居友』の下巻は十一話のほぼすべて女性が主人公であるという特徴をもちます。

なお、山本聡美氏（『前掲書』77頁）は、「『閑居友』には、経論・漢詩・和歌を全て含む九相観説話の集大成を認めることができる」と、しますが、経論・漢詩・和歌を総合的に採り入れているのはむしろ『宝物集』でしょう。また、『閑居友』ではもっぱら天台智顗『摩訶止観』が引用されます。源信『往生要集』からの引用は『宝物集』『発心集』にみられます（廣田哲通『前掲書』120頁）。さらに、九相詩に関係するものとしては、伝空海作「九想詩」の「青瘀《しょうお》相第三」の詩句が『閑居友』上巻第二〇話に引用されるに止まるようです（『前掲書』127頁）。この青瘀相の詩句を読み下します――「白き虫孔《むしあな》中にむくめき、青き蠅《はえ》口の内《うち》に飛《と》ぶ。昔のよしみを尋ねんとするに、一たびは悲しみ一たびは恥づべし」（大意）白い虫が人肉の穴にうごめき、青い蠅が口の内を飛ぶ。生前の肉体への愛執を求めても、悲しみ、同時に、恥じるだけ)。ただし、『閑居友』に引用されている文言は空海の『性霊集《せいれいしゅう》』巻第十「九想詩」の表現と部分的に異なります(『三教指帰 性靈集』日本古典文學大系71、岩波書店、一九六五年)。

なお、伝空海作「九想詩」は十一世紀頃に成立しましたが、それを改作したとされる伝蘇東坡作「九相詩」は十四世紀後半に成立し、こちらは「九相詩絵巻」に組み込まれ、その影響は謡曲にまで及びます(青木清彦「九相観の文学」『武蔵野女子大学紀要』11、一九七六年)。伝蘇東坡作の成立は『閑居友』に一世紀以上も遅れました。したがって、『閑居友』上巻第二〇話には、伝蘇東坡作ではなく、伝空海本の表現が用いられているわけです。室町時代以降の「九相詩絵巻」では、伝蘇東坡作の詩句が上記の伝空海本の青瘀相の文言に取って代わり、「第四 肪乱相《ほうらん》」で用いられました。伝蘇東坡の読み下し文をあげます——伝蘇東坡作〔第四 肪乱相〕白蠕《はくじゅ》身中に多く蠢々《しゅんしゅん》たり。青蠅《しょうじょう》は背の上に幾《いくば》くか営々たり(〔大意〕白い虫は身中に多くうごめき、青い蠅は背上にいくつか飛び回る)。

九相の和歌については、青木清彦氏(「前掲論文」)は、『宝物集』が和歌を作る上で参考にした上限の作品であろう、と推測します。これ以降、段階的に九相詩絵巻の詞書に載る十八首の和歌が集成された、とされます(山本聡美『前掲書』161頁)。『閑居友』上巻二一話に、「九相詩絵巻」の第八「白骨散相」の詞書に付せられている和歌に類似した表現があります。「野原の塵と朽ちはてて」「ただ蓬がもとに白露をとどめ」「浅茅《あさじ》が原に秋風を残し」がそうです。「蓬がもと」「浅茅が原」は墓場、「露」ははかない生命の隠喩としてつかわれることが多いとされます（上巻二一、小島孝之〔校注〕、411頁）。『宝物集』巻第二にも、同類の表現がみられます。『閑居友』にみられる表現も九相観の和歌の素材でした。「九相詩絵巻」の第八段「白骨散相」の和歌をあげます。

　われと思ふ身はみな野へにくちはてゝ　あさちかはらのちりとこそなれ（大念佛寺本）
（〔大意〕我執にとらわれていたわが身はすべて野辺に朽ち果て、浅茅の生えている野原の塵になってしまった）

以上のように、『閑居友』が、経論・漢詩・和歌について、室町時代の九相詩絵巻の素材を潤沢に提供したとまではいえないようです。

『発心集《ほっしんしゅう》』

「ゆく河の流れは絶えずして…」の冒頭で知られる『方丈記』の著者・鴨長明は鎌倉時代初期（一一五五？―一二一六）の天変地異が連続した時代に生きた歌人で、高級神職の家に生まれ、階位は従五位下でした。歌壇での活躍が最盛期となる頃、神職継承をめぐるトラブルがもとで出奔したのが五十歳、ほどなく出家したものと思われ、『方丈記』によれば、大原に五年間隠棲し、五十四歳で大原から日野に移り、広さが一丈四方の解体しやすい仮の庵に居を占め、五十八歳（建暦二〔一二一二〕年）で『方丈記』を完成させます。説話集である『発心集』は長明の晩年に成立した可能性はあるものの、その成立史は不明とされます。長明は六十二歳、建保四（一二一六）年で没しています。

天台僧・慶政は『閑居友』上巻第一話の末尾で、長明『発心集』には先行する往生伝に載せられている人物が扱われていることもあるのだが、『閑居友』では重複を避け、往生伝にある話を採りあげる場合は、末尾に既知の話の大略をしめし、元の話を知るきっかけにする、と『発心集』との執筆方針の違いを述べています。確かに、『発心集』には『今昔物語集』などと重複する説話が少なくありません。たとえば、『発心集』巻第二第四話「三河聖人寂照、入唐往生の事」はすでに紹介した『今昔物語集』巻第十九第二話や『続本朝往生伝』（第三十三話）に類話がみられます。『発心集』では概して不浄・九相観についてそれほど詳しく述べていません。遺体が傷む過程はあっさりと扱われ、むしろ不浄観を修した後の主人公の宗教的な心情の変遷に重点が置かれています。つまり、不浄・九相観は発菩提心（出家し仏道に入る）のきっかけとされるだけです。『発心集』巻第二第四話の大意を紹介します。

「三河の聖人寂照が入唐《にっとう》して極楽往生したこと」

三河の聖《ひじり》というのは大江定基という文章博士《もんじょうはかせ》のことである。三河守になったとき、もとの妻を捨てて比類ない美人の女を連れて任地に向かったが、そこで女は病にかかり、とうとう死んでしまった。嘆き悲しむこと限りなく、恋い慕うあまりに、死体を取り捨てることもしなかった。ところが、何日も日が経つうちに、遺体が変化してゆく有様を見て、ひどくこの世がうとましく思われ、発心した。

剃髪して乞食《こつじき》して歩き、自分の道心が本物であるのか見ようと、もとの妻のところに行き、物乞いすると、もとの妻は「わたしに嫌な思いをさせた報いで、こうなれと思っていたが、本当にそうなった」と、恨みごとを言った。しかし、寂照は何とも思わず、「あなたのために仏になれそうだ」と言って、手を合わせ、よろこんで出て行った。

さて、高名な聖である寂心（俗名は慶滋保胤）の弟子となり、東山の如意輪寺に住み、その後、横川に上り、源信僧都に仏法を学び、入唐して霊験を現したので、円通という大師の名を得て往生した。来迎の音楽を聞き、漢詩を作り、和歌を詠んだという唐からの知らせがあった。

『発心集』と比べて、『今昔物語集』（巻第十九第二話）は全体に長く詳しい話になっていますが、とくに死相の描写が生々しく、『発心集』にはない、猪や雉を生きたまま食うなどの残酷な振舞いを見て、さらに道心を固くする挿話があり、出家回心する動機が付け加えられます。死相について、

「『発心集』では具体的描写に乏しく、あえてそれを避けているかのごとくである」と、廣田哲通氏（『前掲書』117頁）は指摘します。『宇治拾遺物語』は、『発心集』とほぼ同時期の十三世紀前半に成立しますが、説話の内容については、『今昔物語集』に類似し、九相観の「新死相」がどぎつく描かれます。『宇治拾遺物語』（巻第四第七話）の「新死相」の部分を紹介します。表現の生々しさの程度に違いがあるとしても、この話は、どの説話集でも、主人公は積極的に九相観を修する意図をもたず、「愛する女と死に別れ、不浄を観じ、発心する」という過程を示します。

「三河入道遁世の事」（『宇治拾遺物語』巻第四第七話）

その女久しく煩《わずら》ひて、よかりけるかたちも衰へて、失《う》せにけるを、悲しさの余りに、とかくもせで、夜も昼も語らひ臥《ふ》して、口を吸ひたりけるに、あさましき香の、口より出で来たりけるにぞ、疎《うと》む心出で来て、泣く泣く葬《ほふ》りてける。（〔大意〕その女が長患いで、美しい容貌も衰え死んだので、悲しさのあまりに、葬送もしないで、夜も昼も語りかけ、添い寝して、口を吸っていたが、いやな臭いが口から出てきたので、忌み嫌う気持ちになり、泣く泣く葬った）

『発心集』巻第四第六話「玄賓《げんびん》、念を亜相《あしやう》の室に係《か》くる事　不浄観の事」は、自発的に不浄観を修行する型です。長明はこの話でも具体的な不浄相を述べることはせず、『往生要集』『宝物集』などの仏書を大意引用して、不浄相にふれるに止まります。ややもすると、不浄観説話について、愛する女の死を契機として不浄観をたまたま行うという型が基本的であるのに対し、ここでは愛人の死を因とはせず、生きている女性への愛執に悩む僧がこれを払拭するために不浄観を修するという筋になっています。まず、不浄観を修するまでの前半部分の大意を紹介します。

「玄賓が大納言の北の方へ思いを寄せたこと　不浄観の事」

昔、玄賓僧都はとても尊い方だったので、身分の上下にかかわらず、皆が仏のように思い、なかでも大納言である人と長年とくに互に信頼しあっていた。

こうしている間、僧都が何となく体調を崩し、何日も経った。大納言は気がかりの余り、「さて、どのような具合か」など、心をかけてお見舞いしたところ、「そば近くにお寄りになって下さい、申し上げたいことがあるので」と僧都は言って、「実は病気ということではなく、先日、大納言様のところで北の方の御姿がとても美しく見え、ほのかに見奉ってから、おかしくなって、心が迷い、胸ふさぎ、言葉もうまく出なくなったのです」と、ためらいがちに告白した。

大納言は驚き「そんなことなら、簡単に治ります。わが家に来て下さい」と、言って、帰り、北の方に事情を話して協力を願い、承諾を得た。準備が整ったところで、案内を出すと、僧都は法衣をきちんと着て現れたが、その姿は男女の密会には不似合いであった。

それでも、しかるべき部屋に間仕切りなどを立てて、僧都を案内した。僧都は北の方の美しく整えている姿を二時間ほどつくづくと見つめ、時々指を弾《はじ》いて音をたてた。

こうして、北の方に近づくこともなく、中門の廊に出て、被り物をして帰ったので、大納言はいよいよ尊く思うこと限りがなかった。不浄を観じて、その執念を転じたのである。

この説話では、不浄観なるものがどのように行われたのかは語られません。不浄とみなされるべき北の方がどのような様相であったかも、分かりません。ただ、僧都が目を凝らし何度か指を弾いたことだけが書かれているだけです。その代わり、説話の末尾で、おもに『往生要集』に基づいて不浄観の教説を展開し、結論として「愚者がうわべの美色にふけり心を惑わすのは、たとえば、便所の中の虫が糞穢を好むようなもの」と、します。不浄観のおもな効用は婬楽を止めることにあり、うわべの美色に惑うことを戒めます。主に源信『往生要集』に基づく論で、とくに目新しいところはなく、平凡な論旨です。この説話で注目すべきは、むしろ、難度の高い九相観に玄賓が挑んでいることです。すなわち、いかなる不浄相もみられないような美麗な婦人を対象に九相観をこらし、人体の不浄を悟り、肉身への執着を断つわけです。修行者の人格が高くなければ、このような不浄観は成就できず、長明は玄賓僧都とその九相観を手助けした大納言を高く評価します。

この説話は玄賓がまだ血気盛んだった壮年期のもののようです。玄賓は世俗の名声を嫌い、晩年には天皇から大僧都に任ぜられたものの、これを拒絶するなど、遁世の名僧として敬われ、弘仁九（八一八）年、八十余才で自寂しました。

『発心集』巻第四第六話について、その後半を占める不浄観論を大意紹介します。

この話は人体のけがらわしさを思い知るためのもので、この不浄観は眼に見え、心に納得がゆき、悟りやすい。「もし誰かに愛着心をおこした時、分別心があるなら、必ず人体の不浄相を思い描くべきである」と、経論に説かれている。

（以下は『往生要集』巻上「人道不浄相」に基づく部分が多い――抄訳者注）大方、人体は骨・肉の組み合わせでできていて、朽ちた家のようなものである。五臓六腑は毒蛇がとぐろを巻いている姿と異なることはない。血は身体をうるおし、筋は関節をつなぐ。わずか一枚の皮がかぶさっていて、様々な不浄を隠している。おしろい、香で隠しても、誰もが偽りの飾りと知る。山海の珍味も一晩たつと、不浄となる。いわば、彩色された甕《かめ》に糞穢を入れ、腐った死体が錦を着けているようなものである。もし大海を傾けて、その水すべてで洗ったとしても、清まることはない。もし香木の栴檀《せんだん》を焚き、匂わすとしても、すぐに悪臭がにおう。

まして、魂が抜け、いのちが尽きてしまった死体は、むなしく墓のあたりに捨てられてしまう。身はふくれ、腐り乱れ、ついに白い骨になる。不浄の相を知っているので、人はいつも人体を嫌悪する（下略）。

『発心集』巻第五第一話から第四話は一連の愛執にまつわる往生譚です。そのうち、第一話に不浄・九相観の色彩がみられます。第三、第四話は、嫉妬の余り指が蛇になる、また、亡妻が夫の寝所を訪れるという怪奇・ホラー譚の要素をもちますが、悪縁を順縁とする深い志が大切である、と説きます。第二話は、男に捨てられ、一途に嘆いていた女がそれを「往生の縁」として法華経読誦にふけり、その功徳で往生した話です。「悲恋譚」と「法華経往生譚」が共存します（廣田哲通『前掲書』136頁）。

巻第五第一話「唐房法橋《とうのぼうほっきょう》、発心の事」は類話が『宝物集』巻第二第六の第五「三 病苦」にあり、こちらの方が『発心集』よりも九相観が凝縮して示されます。ただし、主人公は自発的に九相観を修してはいません。心ならずも、いやなものを見て、発心します。病苦によって容貌がいかに無残に変わるかという無常のことわりを説きます。『宝物集』をまず大意紹介します。

延暦のころ、天下に流行病がおこり、一人も残らず倒れ伏した。但馬守国高が任国の神社に参拝するために下向し、ともにその子息も下向した。その男はある皇女の子の召使いの女を深く慕っていたが、この病気にかかったことをほのかに聞いて、蓑笠をも持たず京にのぼって、行方を尋ねた。「人がいやがる病気なので、見舞う者もなく、朱雀門へ出して置いた」と聞き、すぐに朱雀門に行ってみれば、菰《こも》むしろを張りめぐらした中で病死していた。二つの眼《まなこ》は烏に喰い取られ、木の節が抜けたようになっていて、あれほどの緑の黒髪はごみくずとなり、衣服には血がこびりついているのを見ると、心がふさぎ悲しく、三井寺に参って、法師になったのである。後には仏道修行をすませて、大阿闍梨にまでなった。三井寺の唐房《たうばう》に住んでいた「唐房の法橋」という人のことである。

『発心集』巻第五第一話では、女は存命していました。男との出会いを長明は次のように描写します。この部分は迫真性と情感に富み、読ませ所でしょう。

西の京の方に縁者がいると言っていたことをぼんやり思い出したので、どこともなく尋ね歩いているうちに、粗末な家の前に、この女が使っていた女童が立っていた。とても喜び、話しかけようとすると、女童は隠れるように家の内に逃げ込む。馬から降りて中に入ってみれば、この女が顔を少し横にそむけ、髪をくしけずっていた。男は「ああ、御無事だったのですね」と、言って、背中から抱きしめ、このところのつらかった胸の内をけんめいに語ったが、女は返事もしないで、さめざめと泣くだけだった。「自分を恨んでいるのだ」と、悲しく心苦しく思い、涙をおさえて、様々に慰め続けた。「そうであっても、どうして後ろばかりを向いているのですか。はやくお顔を見たいと思っているのに、こんなことでは、今でも、つらいことに変わりありません」と、言って、こちらに顔を向かせようとするのだが、いっそうひどく泣いて、まったく顔を向けない。「ああ、これほどまでに深く恨んでいるのですね」と、言って、無理にこちらに引き向かせると、二つの眼がない。木の節が抜けたようで、まったく目も当てられない姿である。心が乱れ、しばらくは言葉も出てこない。気を取り直して、「それにしても、どうしたのですか」と、男は尋ねた（下略）。

以下、女童が事情を打ち明けるくだりが続きます。女は男が但馬に下向したあと、病気にかかり、死亡

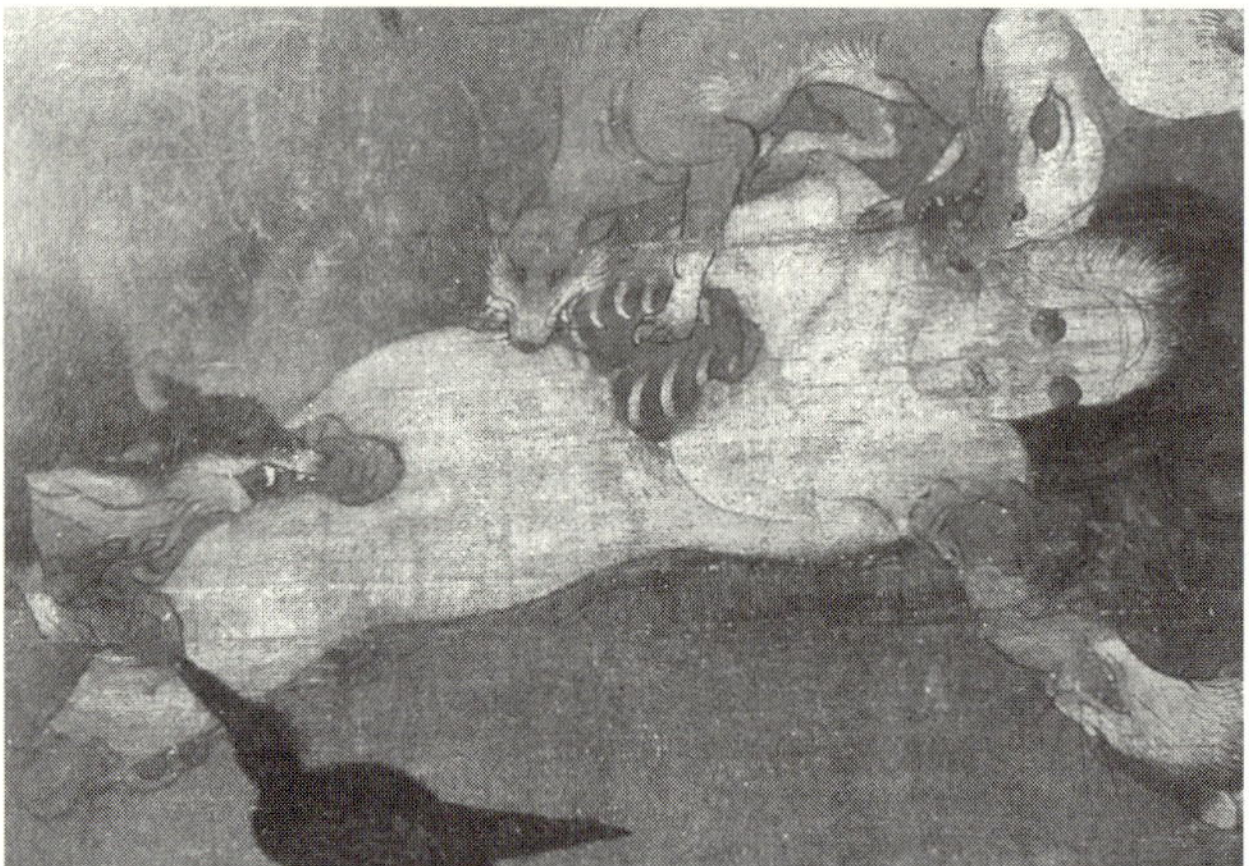

〈図㉘〉「人道不浄相図」（聖聚来迎寺蔵）第七段「噉相」

し、この家に置いたままでは仕方ないので、近くの野原に置いたところ、半日ほどで蘇生したのですが、仮死状態でカラスに眼をほじくられてしまっていた、とのことです。その後、女がどうなったのかは語られません。〈図㉘〉

男が現世の無常を観じ、比叡山に上り、道心深い大阿闍梨になった部分はどちらかと言えば付け足しで、男が眼を失った女と再会する部分が話の中心ですが、女の不浄相は男の発心を促す道具のように扱われています。つまり、不浄相そのものに長明はあまり関心を払っていません。むしろ、男女の心理描写が目立ち、往生伝にみられる型にはまった往生奇瑞譚も影をひそめ、心境の変遷を柔軟に展開させます。そのことは『往生伝』ではなく『発心集』という書名がつけられていることに端的に表われています。なお、西口順子氏（「浄土願生者の苦悩――往生伝における奇瑞と夢告――」『阿弥陀信仰』民衆宗教史叢書　第十一巻、雄山閣出版、一九八四年、所収）によれば、往生について、奇瑞譚よりも「信」が重んじられるようになったことから、中世で往生伝がほとんど作られなくなった、と指摘します（本書第四章の**【小町伝説と『日本霊異記《にほんりょういき》』の髑髏譚】**参照）。この説話では発心の心理的動機の強さが主題となるでしょう。

まとめ――往生奇瑞譚の衰退――

九相観を主題にする文芸は日本では伝空海「九想詩」に代表される漢詩が初期のもので、ついで十二世紀頃から『今昔物語集』『続本朝往生伝』『宝物集』で不浄観（九相観）説話の編纂が始まります。これに決定的な影響を及ぼしたのは源信『往生要集』の「厭離穢土〔人道〕」で解説された人道不浄相です。外見の好ましさに惑わされ、人体の不浄相を知ることの難しさを指摘し、ついで、源信は天台智顗の『摩訶止観』などを大意引用しながら、死後の人体の九相変化を「究竟《くきょう》不浄」として説明します。

「九相観」にふれた初期の説話として、『続本朝往生伝』第三十三話があげられます。三河守大江定基の往生伝ですが、簡略に、愛する妻を失ったものの、「早《すみやか》に葬斂《そうかん》せず、かの九想を観じて、深く道心を起し」と、書かれています。同話は『今昔物語集』巻第十九第二話にもありますが、こちらは「新死相」の不浄が具体的に書かれています。『今昔物語集』巻第十九第十話の不浄観も定基の話と同類で、『雑談集』第四巻第十話にも類話みられます。いずれも「新死相」の段階から進んだ死相を描写するにとどまり、たまたま執心する女性の死に遭遇して、その不浄相を目撃する話で、典型的な九相観修行ではありません。むしろ、『宝物集』（巻第六第八の三「不浄観」）で、九相観修行が具体的に述べられています。ただし、説話というよりは、経論についての法話でしょう。また、『宝物集』巻第七第十は無常観を強調する出家譚ですが、類型的な筋書きとも思えます。以上のような初期の不浄（九相）説話の多くは登場人物の心の動きや筋の展開も平板であるような印象を与えるでしょう。

ところが、十三世紀になると、『閑居友』のように物語性に富み、不浄相の描写も迫真的な説話集が編纂されます。しかも、読者が高貴な身分の女性であることをほのめかし、下巻末尾では、読者である身分の高い女性を教化するつもりもあって、この本を書き上げる予定である、と言います。高貴な女性を教化する目的で書かれたということは、不浄観（九相観）が男性だけでなく女性をも開悟の方向にむかわせる機縁となることを想定します。

『閑居友』にある四話の不浄観説話は、その修法者がすべて男で、不浄の身をさらすのは、たいてい女です。つまり、女性の不浄相を観想することで男性が発心するという九相観の古典的な型になっています。ところが、小島孝之氏〔校注〕（『閑居友』脚注、443頁）は、下巻第九話について、「本話は、女性の方が自らの醜い姿を晒すことによって、僧の妄念を晴らしたという、女性を中心に据えた話になっている」ことに注目します。本書第二章の【檀林《だんりん》皇后九相図】でふれたように、高貴な女性が自発的に不浄の身をさらし、観想する男性を仏道に向かわせるという説話は、近世に至り「檀林皇后九相観説話」に発達しました。

『閑居友』が高貴な女性に献呈する意図で書かれたことは、教化の対象が女性を含んでいることを示します。たとえ、話の形式が女性の不浄相を男性が観想し、不浄相から離脱する内容になっていても、読者を女性と想定していることは、女性の開悟を否定するものではありません。女性が自らの身の原罪を意識するわけです。不浄観説話はかつて男性の開悟を目的としたのですが、教化の対象が女性を含む層にひろがる傾向が始まったことになるでしょう。『閑居友』の下巻はほぼすべて女性が主人公であるという特徴をもちます。

　鴨長明は五十八歳（建暦二〔一二一二〕年）で『方丈記』を完成させます。説話集である『発心集』は長明の晩年に成立した可能性はあるものの、その成立史は不明とされます。長明は六十二歳（建保四〔一二一六〕年）に没しています。『発心集』には『今昔物語集』などと重複する説話が少なくありません。その点は、『閑居友』と違うのですが、『発心集』は概して不浄・九相観についてそれほど詳しく述べないという特徴があります。遺体が傷む過程はあっさりと扱われ、むしろ不浄観の後の主人公の宗教的な心情の変遷に重点が置かれています。つまり、不浄・九相観は発菩提心（出家し仏道に入る）のきっかけとされるだけです。死相について、『発心集』では「具体的描写に乏しく、あえてそれを避けているかのごとくである」と、廣田哲通氏（『前掲書』117頁）は指摘します。『宇治拾遺物語』は、『発心集』とほぼ同時期の十三世紀前半に成立しますが、説話の内容については、『今昔物語集』に類似し、九相観の「新死相」がどぎつく描かれます。表現の生々しさの程度に違いがあるとしても、この話は、どの説話集でも、主人公は積極的に九相観を修する意図をもたず、「愛する女と死に別れ、不浄を観じ、発心する」という過程を示しますが、不浄相そのものに長明はあまり関心を払っていません。むしろ、男女の心理描写が目立ち、往生伝にみられる型にはまった往生奇瑞譚も影をひそめ、心境の変遷を柔軟に展開させます。そのことは『往生伝』ではなく『発心集』という書名がつけられていることに端的に表われています。

『発心集』巻第四第六話「玄賓《げんびん》、念を亜相《あしやう》の室に係《か》くる事　不浄観の事」は、自発的に不浄観を修行する型です。長明はこの話でも具体的な不浄相を述べることはせず、『往生要集』『宝物集』などの仏書を大意引用して、不浄相にふれるに止まります。ややもすると、不浄観説話が愛する女の死を契機として不浄相をたまたま観じるという型であるのに対し、ここでは愛人の死を因とはせず、生きている女性への愛執に悩む僧がこれを払拭するために不浄観を修するという筋になっています。しかも、その僧の不浄観は「(大意)じっと見つめて、爪弾きを何度かした」だけでした。不浄相の片鱗すらありそうもない美麗な女性を対象にして九相観をこらす高度の修業に挑む高僧を主人公とします。

平安時代末期の往生伝(『法華験記』を含む場合もある)と『発心集』を比較検討した廣田哲通氏(『前掲書』83頁)は、前者では奇瑞・夢告が類型的にあらわれ、往生の確認を重視するのに対し、『発心集』では「少なくとも奇瑞、夢告そのものはあまり大きな意味を持ちえなくなったと推測される(中略―引用者)奇瑞や夢告をすなおに信じられなくなった当時の人たちの精神構造の変化を認めねばならないであろう。奇瑞や夢告がリアリスティックな迫真力を失い、そこに嘘のにおいが漂いはじめたと考えねばならない」と指摘し、『発心集』では往生奇瑞譚が記されることが少なく、心理的な葛藤、強烈な執心が取り上げられる傾向が認められ、平安末期から鎌倉期にかけて、典型的な往生奇瑞譚から人々の関心が離れ、むしろ往生に至る心理的な問題がとりあげられるようになる、というわけです。

第四章　髑髏《どくろ》の話

小町伝説と『日本霊異記《にほんりょういき》』の髑髏譚

小野小町が零落し、東北地方のとある野原で野垂れ死にする説話については、すでに本書第二章の**【小野小町の髑髏譚《どくろたん》】**でふれました。十三世紀初頭に成立した『古事談』に、在原業平が奥州で小町の髑髏に出会った話がありますが、そのときに作られた和歌が「秋風の吹くにつけてもあなめあなめ　小野とはいはじ薄生《すすき》ひけり」でした。業平は野原に転がっていた髑髏の目の穴からススキが生え出ていて、風が吹きススキが揺れるたびにその髑髏が「ああ痛い」と声を出しているのを耳にして、「小野にだけと言わず、目の中にもススキが生い茂っている」という意味の下の句を付け足したのだそうです。「小野」は小さな野原とも、小野小町とも、解釈できます。なお、下の句には別の解釈もあることは第二章ですでにふれました。

小町伝説では、この「歌い髑髏譚」が後に髑髏報恩譚に発展しました。小町の髑髏報恩譚は鎌倉時代初期には成立したようです（細川涼一「小野小町説話の展開」『女の中世』、日本エディタースクール出版部、一九八九年）。鎌倉時代初期の歌論書『無名草子』では、「（大意）屍《しかばね》になった後でもこのような歌を詠むとはあわれです。ひろい野原の中にススキが生い茂り、それが風に吹かれて、『あなめ　あなめ』と聞こえたのです。道を行く人がたいへん気の毒に思い、そのススキを引き抜いたその夜に、次のような夢を見たのです――『あの髑髏は小野小町の頭です。ススキが風に吹かれるたびごとに、目が痛んだので、あなたが引き抜いて捨てことをとてもうれしく思います。そのお礼として、歌を上手に詠めるようにして差し上げます』。この夢を見たのは中将・藤原道信と言われています」と、小町の落魄ぶりに同情するだけでなく、報恩譚にもふれます。最後に、「小町以外の誰がこれほど歌に徹底して執心できるでしょうか。死後にもこうでありたいものです」と、歌人としての小町を高く評価します。

ところで、この小町伝説に時代がかなり先行するのですが、平安時代初期の景戒《けいかい》『日本霊異記』下巻第二十七話に、同類の説話があります。大意を紹介します。

「髑髏《ひとかしら》の目の穴の笋《たかんな》を掲き脱《ぬ》ちて、以て祈《ね》ひて霊《くす》しき表《しるし》を示しし縁　第二十七」

（髑髏の目の穴から出た竹の子を抜き取ってやり、祈願して、不思議な現象を示した因縁）

宝亀九年の冬の十二月下旬、備後国の里人、品知牧人《ほむちのまきひと》は正月用品を買いに市に向かった。しかし、途中で日が暮れてしまい、ある竹藪に野宿したのだが、その野宿している所のあたりからうめき声が聞こえ、「目が痛い」と、言う。牧人はこの声を聞き、一晩中眠らずにいた。翌日に見れば、髑髏が一つあり、竹の子が目の穴を貫いて生えていた。そこで竹の子を髑髏から抜き取り、髑髏に自分の食糧をそなえて、「自分に幸福を与えて下さい」と、祈った。その後、市で買い物をするたびに、思い通りに買えた。そこで、髑髏を救い祈ったせいで、髑髏が恩に報いたのだろう、と思った。市から帰ってきて、同じ竹藪に野宿すると、その髑髏が生きた人間の姿になって、次のような事情を話した。「盗賊の叔父に殺され、風が吹くたびに、ともすれば目が言いようもなく痛んだのですが、幸いあなた様のおかげで、苦痛がとれ、また十分な供えものもいただき、とてもうれしく、御恩に報いたい。晦日の夕、自分の家に来て下さい」と言う。

後半部分では、髑髏の霊が牧人を実家に案内し、饗応したところで、姿を消し、そこに現れた家人に牧人は殺害の事情を説明し、盗賊の叔父の仕業であることを家人が納得し、牧人にあらためて飲食のもてなしをした、という筋になっています。最後に、教訓として「髑髏でさえも恩にむくいるのだから、生きている人間はなおさら恩を忘れるべきでない」と『涅槃経』の一節を引用して話を結んだということです。

この説話で目立つのは髑髏の目の穴に竹の子が貫き生えている状況です。当時の人々にとって、髑髏が野原に転がっているのはそうめずらしい光景ではなかったでしょう。また、草木が髑髏の目の穴を貫き生えている光景もそれほど驚きおそれることではなかったでしょう。ただし、たとえ風化した骨であっても、目の穴の部分に異物が突き刺さった状態は苦痛を連想させるのに十分だったでしょう。しかも、髑髏が霊力をもつ特別の存在であるという認識は共有されていたはずです。そのことは「歌い骸骨」「枯骨《ここつ》報恩」などの奇瑞譚が平安時代初期から少なからずみられることから分かります。

なお、骸骨説話には変異型があって、上記の『日本霊異記』の下巻第二十七話は「歌い骸骨」と「枯骨報恩」「復讐譚」が複合したものですが、「歌い骸骨」の要素は「目が痛い」と骸骨が苦痛の声を出す部分だけで、あまり目立ちません。また、次に紹介する上巻第十二話では、「歌い骸骨」はみられず、「枯骨報恩」「復讐譚」のモチーフだけが書かれています。

上巻第十二話「人・畜《けもの》に履《ふ》まれし髑髏《ひとかしら》の、救ひ収められて霊《あや》しき表《しるし》を示して、現に報いし縁　第十二」の主旨は、髑髏が国境の谷間にあって、人・家畜がこれを踏んで歩いているのを元興寺《がんごうじ》の僧・道登《どうとう》が憐れみ、従者に命じて、拾い上げて木の上に置かせたところ、その従者のところに髑髏の霊が訪れ、木の上に置いてくれたことで、苦痛を免れた恩義に報いた、ということですが、野の髑髏が声を出すという「歌い骸骨」の要素はありません（『今昔物語集』巻第十九第三十一話にもほぼ同じ話があります）。この説話は「枯骨報恩」「復讐譚」の要素が濃厚で、その点では下巻第二十七話と類似します。

下巻第一話「憶《こころ》に法花経を持せし者《ひと》の舌、曝《さ》りたる髑髏《ひとかしら》の中に著《つ》きて朽ちずありし縁　第一」には、「舌根不壊型」の説話要素が混入し、『法華経』崇敬など、モチーフが豊富であることが注目されます。「舌根不壊型」のように読経についての奇瑞譚は『法華経』読誦にまつわるのが原則です。下巻第一話の概略を示します。

紀伊国の熊野に永興禅師《えいごうぜんじ》という人がいて、人々に敬われ、菩薩と呼ばれていた。ある時、一人の僧がやって来た。その僧は法華経一部と白銅の水瓶、縄床の椅子だけを所持していた。一年ほど過ぎて、「山で修業するつもりです。伊勢国を越えます」と言って、別れを永興禅師に告げた。禅師は餞別を贈ったが、僧は麻縄と水瓶だけを持って、立ち去った。それから二年ほど経ったころ、熊野川の上流で何やら音がして、その音が『法華経』読誦の声であることが分かった。しかし、その声がどこからするのかは分からない。半年後、山に入ると、依然として読経する声が聞こえる。この話を耳にした禅師が山中に入ってみると、読経が聞こえる。出所をたずねて行くと、そこに死骸があった。麻縄を足につなぎ、身投げした身体が岩にぶらさがって、遺骨のそばに水瓶がある。別れ去った僧であるのを知って、禅師は悲しんで泣いた。それから三年後、樵《きこり》が「まだ経を読む声が聞こえます」と、禅師に言った。禅師はその遺骨を拾おうとして、髑髏を見ると、その舌は腐っていない。「これは大乗仏教、『法華経』の不思議な力による。読誦の功徳を積んだしるしである」と、禅師が講釈した。

また、吉野山中の金峰山に一人の僧がいた。山岳修行にはげんでいたところ、行く手に声がして、『法華経』『金剛般若経』を読んでいた。草を押し分けてみると、髑髏がある。風雨にずいぶんとさらされていたが、舌だけは爛《ただ》れずに生きているようにしっかりと付いていた。僧はその髑髏をきれいなところに収め、「これも何かの因縁である」と、その場所の上に草を葺《ふ》き覆い、ともに住み、経をあげ、日に六度のお勤めをした。僧が『法華経』を読むと、それにつられて髑髏も一緒に読む。髑髏の舌は動いていた。

この説話では、報恩譚や復讐譚はみられず、舌が腐らず、読経すると一緒に動くなど「舌根不壊譚」と『法華経』読誦の功徳譚が話の中心になります。なお、『今昔物語集』巻第十二第三十一話に同話があります（金峰山の僧の話は載せられていません）。

「歌い髑髏譚」「舌根不壊譚」だけでなく、高僧が没後に声を出して読経する話が『大日本国法華経験記』（以下、『法華験記』と略します）に多くみられます。本書は長久年間（一〇四〇－一〇四四）に成立し、ここに載せられている話は少なからず『今昔物語集』『古今著聞集』などにも採録されています。『法華験記』の書名が示すように、『法華経』読誦の功徳によって成仏する説話集です。死後読誦の奇瑞は巻上三十九、巻中四十一、五十六、六十三などの主題です。髑髏はここに現れません。二話ほど大意を紹介します。

巻上第三十九　叡山の円久法師

円久《えんく》は九歳で入山し、法華経を読誦して自在に上達し、声も和雅で聞く者は感銘をうけた。五十歳で、菩提心を起こし、世間の栄華を捨てて無常を観じ、修行に一心に精進した。朝夕怠らず、ひとえに往生を志した。最後の時をむかえ、手に経巻を持ち、口に妙法を誦し、西方に向かって坐し、他に口に出すことはなかった。その屍《しかばね》を葬り、幽谷の中に置いたが、数日も経たないうちに、その墓所の方に、法華経を誦す声がした。その声はとても尊く、生きているときの声のようだった。誦経は連夜におよんだが、四十九日の法事を終えると、声が聞こえなくなった。中陰を過ぎて、浄土に往生したようであった。

巻中第六十三　西塔の明秀法師

比叡山西塔の明秀《みやうしう》は天台座主・暹賀《せんが》の弟子で、法華経を読誦することを一生の業とし、真言もかねて修行した。重い病気になっても、時間がゆるせば必ず一部を読み、日々の勤めとした。

四十歳で黒谷に隠棲したが、病気にかかり、回復することはなかった。最後に法華経を手に執り、誓いを立てた。「無始以来積み重ねた罪がわが身に染み込み、この世で定・慧の修行ができないでいる。どのような智慧と修行によって涅槃の地に生まれることができようか。わずかに法華経を誦しても、心が乱れ、作法のようにできない。それでも、この善根を善知識として、入滅しよう。この法華経を読誦すれば、死骸・魂魄《たましい》になっても、悪道に堕ちようとも、浄土に生まれようとも、いつもこの経を唱え、成仏する」と、言って、息絶えた。その墓所でいつも法華経が読誦されるのが聞こえた。このことを耳にした人たちが墓所に行ってみると、その読経の声は生前の明秀法師の声と違わなかった。

本節で扱った説話の大部分は、読経する髑髏、または、腐ることのない舌の霊異を主題にします。これらは法華経読誦によってもたらされる功徳を強調する道具立てです。ただし、『法華験記』では、死亡した僧の声が墓所などから聞こえるという単純な筋書きの話が少なからずみられます。また、死亡した持経者の声を手掛かりに「歌い髑髏」「舌根不壊」が見つけられたりします。

小野小町が零落し、野原をさまよい、髑髏を野にさらすという伝説は近世で九相図と結び付けられました。美形を誇った時から骸骨となるまでの落差が激しく、それが「無常」という仏教テーマに合致したからでしょう。九相図の絵解きでは、かっこうの教訓的な材料でした。それでは、『日本霊異記』『法華験記』『今昔物語集』などの説話にみられる「歌い髑髏」はこれを読む人に何を訴えたのでしょうか。九相図が人間の不浄・無常相を活写することで、現世の欲望に執着することを戒めたのとは違い、こうした説話は『法華経』という特定の経典を崇拝し、その経典読誦の功徳によって極楽に往生できることを説いています。ところが、経典崇拝が行き過ぎると、自分自身の不浄な有様をかえりみる側面が希薄になるという危惧が生じます。奇瑞の発現は基本的に仏・菩薩の側の恩恵であり、深く自己反省すれば起きるというわけではありません。しかも、「歌い髑髏」の奇瑞はあまりにも非現実的で、自己反省の源泉とはなりにくいでしょう。九相観の修行の心掛けとは遠く離れています。

平安時代の往生伝では浄土往生が確実視できる奇瑞が重んじられました。「歌い髑髏」などもその種の奇瑞と考えられるでしょう。髑髏の舌が生きているかのように動いて読経するのも奇瑞の典型で、『法華経』読誦の功徳によって極楽往生が保証されます。読誦する髑髏を見つけた人がこれを葬ることで髑髏の往生が暗示されるという話もあります（『法華験記』巻上第廿二「春朝法師」）。

奇瑞は専修念仏の教えが普及する中世後期ではほとんど重んじられなくなり、往生伝も作られなくなったとされます（西口順子「浄土願生者の苦悩――往生伝における奇瑞と夢告――」『阿弥陀信仰』民衆宗教史叢書　第十一巻、雄山閣出版、一九八四年、所収）。廣田哲通氏（「往生譚の変質――往生伝と『発心集』を視座として――」『中世仏教説話の研究』、勉誠社、一九八七年）は、平安時代末期の往生伝

（『法華験記』を含む場合もある）と『発心集』を比較検討し、前者では奇瑞・夢告が類型的にあらわれ、往生の確認を重視するのに対し、『発心集』では往生奇瑞譚が記されることが少なく、心理的な葛藤、強烈な執心がとりあげられる傾向にあることを認めています。

大雑把に言えば、平安末期から鎌倉期にかけて、典型的な往生奇瑞譚から人々の関心が離れ、むしろ往生に至る心理的な問題がとりあげられるようになる、というわけです。人々にそのような関心の変化が起きたとして、いかなる理由で生じたのかははっきりしません。仏教が上流社会から一般民衆に浸透する過程で、非現実的な奇瑞を媒介にした往生譚が人々の心を捉えなくなったからでしょうか。奇瑞は、聖《ひじり》とよばれる高徳な僧侶でなければ起きない極めてまれなこと、という意識があったのでしょう。

西口順子氏が指摘したように、専修念仏の教えが普及し、口称念仏を唱えるだけで浄土往生できると信じる人たちがかなりの勢力を占めるようになったからでしょうか。貴族など上流階級のように、浄土往生のために労力をかけることのできない庶民にとって、口称念仏によって往生できるという教えは渡りに舟の教えでした。しかも、念仏はただの一回でもよい、普段に念仏を唱えていれば、臨終で唱えられなくても往生できるというのが法然の教えでした。大切なのは、仏の救済を信じることでした。善行（造像・起塔・写経）を積まなくてもよいのです。

なお、滋賀県信楽町玉桂寺の阿弥陀仏の木像を修理したところ、建立のために結縁した人々の名が内部に納められていて、皇族・貴族・武士階級から平民に至るまで、その数が四万六千人にも及んでいた、とのことです。勧進は十三世紀初頭でした。また、井原今朝男氏(『史実　中世仏教』第1巻、興山舎、二〇一一年、128－130頁)によれば、兵庫県鶴林寺の菩薩像にあった勧進名簿には「モミ女」という記載が五十人以上も続いているのだそうです。銭を寄進できない貧しい女が籾米を布施した記録です。こちらは十五世紀後半の年記がみられます。

白骨を粉末にする

死後、髑髏が口をきき、舌が動くという話は、人骨が霊力をもつという信仰に裏打ちされています。小田晋氏(「行基菩薩と山口組」『狂気の構造』青土社、一九九〇年、初出『現代思想』一九七八年)によれば、組長が抗争相手に銃殺され、その無念を晴らす決意で幹部たちが遺骨を粉にして飲み、暗殺の機会を狙っていたという事件があったそうですが、これも人骨の霊力についての俗信のあらわれといえます。同じく、髑髏の粉末が妙薬になるという話も少なからず報告されています。たとえば、瀬戸内海の柳井港の先にある笠佐島は、墓もなければ、位牌を仏壇に安置することもなく、真宗の宗風が濃い所ですが、昭和初期まで火葬をした骨を薬にして飲んだり、火傷につけたりしたそうです(児玉識「周防大島の「かんまん宗」(＝真宗)とその系譜」『瀬戸内海地域の宗教と文化』雄山閣出版、一九七六年、所収)。リウマチ、婦人病に効くのだそうです。

藤井正雄氏（『骨のフォークロア』弘文堂、一九八八年、62―70頁）は、墓をあばき、人骨を砕いて結核、梅毒の薬とした事件をいくつか紹介しています。一例をあげます――昭和五年十二月二十四日の『大阪朝日』の記事によれば、富山県のある村の農業某は共同墓地の墓を掘り、人骨を取り出し、どくだみ草とともに煎じて服用していたが、発覚して警察に逮捕された。同人は悪性の梅毒にかかっていて、医療費に困っていた――。藤井氏は頭蓋骨の脳漿を抜き取る事件も数例示しています。人骨や脳漿を薬として売って逮捕される例が多いようです。

浄土真宗は宗祖・親鸞が、遺言としたとされる「某《それがし》　親鸞　閉眼せば賀茂河にいれて魚にあたふべし」という言葉などから、肉身への執着はないとされ、それをもって無墓制の理由とされたりするのですが、笠佐島の例にみられるように、人骨が妙薬になるという俗信は拭いきれませんでした。本願寺第八代宗主・蓮如（一四一五―一四九九）の場合、門信徒が骨灰を奪い合ったのは、高僧の遺骨ほど功徳があり、薬効もあると信じられていたからでしょうか。『第八祖御物語空善聞書』に「取骨の事は、一晩、二百人ほどの見張りがつきましたが、実如上人（蓮如の第八子）が取骨された後、人々が火葬場に入って取り、灰や土まで掘り取り、国々へ持ち帰りました（大意）」と、書かれています。空善は蓮如の高弟です。

江戸時代中期の蓮如伝『蓮如尊師行状記』には、さらに詳しく門信徒の狂乱振りが書かれています――「収骨がすみ、遺灰を俵に入れて、御坊の四つの壁に埋めるべきかどうか談合していると、門徒衆が数万人押し込んで、我も我もと骨灰を拝し取り、その中に灰を口に入れて呑む者がいました。これはお別れを悲しみ御跡をしたう故のことです。葬時にも火の中に飛び入ろうとするものが多かったそうです（大意）」。翌日、扉を越えて火葬場内に飛び入り、そのまま自害してはてた者がいたとのこと。遺骨を体内に入れることなどで、宗主と一体化できると信じていたのでしょう。骨に霊魂が宿るという古層の俗信が生きているわけです。なお、殉死は、『実如上人闍維《とい》中陰録』にもみられます――「実如の死を嘆いて腹を切って死ぬ者が十人ほどいた（大意）」。実如（一四五八―一五二五）は本願寺第九代宗主です。

蓮如の第二十三子である実悟が天正二（一五七四）年に編纂した『蓮如上人仰条々《おおせのじょうじょう》』に、実如の遺骨について、奇瑞譚がみられます。実如が往生した折、越中の篤信の女性が葬送で遺骨をとって首にかけ、越前に下り、宿の女将に「これは山科本願寺の上人の御遺骨です」と言って、分け与えました。女将は骨と聞いて、いささか不吉に思い、それを戸外のワラのなかに押し込めておいたところ、この村に光る物があるとの噂がたち、それが実如の遺骨で、五色に光っていたことが判明し、この村の多くが真宗の門下に加わった、とのことです。典型的な遺骨崇拝にかかわる奇瑞譚です。

骨灰を木像に塗り込める話が浄土真宗本願寺にあります。京都・西本願寺の御影堂の須弥壇厨子《しゅみだんずし》の中に安置されている「生身《しょうじん》の御影《ごえい》」にまつわる伝説です。そもそも、宗祖・親鸞の木像が最初に作られたのは文永九（一二七二）年冬でした。本願寺第三代宗主・覚如が制作させた「親鸞伝絵」

下巻第七段「廟堂創立」の詞書に、「吉水の北のあたりにお堂を立て、遺骨を掘り移し、堂に聖人の影像を安置した（大意）」と、あります。

安永三（一七七四）年、学僧・玄智が書いた『考信録』巻之六の「祖像論」が御影像について詳しく、これによってその歴史にふれます。玄智は、本山の御影の歴史には定説というものはなく、異説が入り乱れているので、試みに考えてみる、と冒頭でことわっています。まず、玄智は、宗祖が七十一歳のときに自作し、これを覚信尼に預けたとの説をあげています。寛元元（一二四三）年です。これは本山の祖像の作者は誰かとの問いに幕府の寺社司に築地の禄所（幕府との交渉にあたる寺）が答えたものです。根拠は薄弱です。これより三十年後、文永九年に、顕智らの勧進で作られた影像が本願寺の親鸞像の出発点になります。この年の冬、お堂を建て墳墓を移す時「灰骨を抹《まつ》して真像を修飾して安置す、故に骨肉の御影と称す」とされる「骨肉の御影」とは、文永九年に作られた影像のことである、と玄智は書いています。ただし、「粉末にした灰骨を木像に塗った」という部分は根拠がはっきりしません。

その後、廟堂の管理職を巡って覚如の父・覚恵とその異父兄弟の唯善のあいだに後継争いがあり、延慶二年、唯善は敗退し、廟堂内部を破壊し、親鸞の木像・遺骨を奪って鎌倉に逃げました。唯善が持ち去った木像は門弟の顕智が造立したもので、略奪の一年後、延慶三（一三一〇）年に顕智らが再び造立します。残った遺骨は集められ、廟堂に納められたそうですが、略奪後ほどなくこの像を取り戻した（還復）、との説もあります。還復説に基づき、第八代宗主・蓮如はこれを「根本の御真影」と呼びました。玄智は「真作の上に骨粉の塗飾あり、生身根本という名称にかなう（大意）」と、言います。『本福寺跡書』の応仁二（一四六八）年条では「御開山生身御影様《ゴカイサムシヤウシンコエイサマ》」、また文明三（一四七一）年条では「根本《コンホン》の生身の御影様」とも書かれます。

玄智は「生身の御影」について、三つの難があると指摘します。まず、唯善がこれを劫奪し、鎌倉に持ち去ったとすれば、その後、本願寺には「生身の御影」は存在しないことになります。第二に、建武三（一三三六）年に大谷御影堂が焼失し、影像も失われました（御影堂焼失後、覚如が像を含め再興）。第三に、第四代宗主・善如（一三三三－一三八九）の時、善栄という僧が影像を盗み、近江国馬淵で像の首だけを取り去り、胴体を捨てるという事件が起きました。胴部は本願寺に戻りました。善如は新たに像の首を作って補ったのですが、接合部が見苦しく、灰骨を塗って修復したその像を「生身の御影」というのだそうです。

以上のことを総合すると、親鸞自刻の影像はありえないでしょう。遺弟・顕智が造立したとされるのが最初期の親鸞御影で、これは延慶二年に略奪され、翌年再び造立されたものの、兵火で建武三年に焼失したようで、覚如が再興。その後、頭部が盗まれ、古い胴部に新たに制作された頭部を接合し、御影堂に安置、これを「根本の生身の御影様」と称している、と思われます。漆で灰骨を塗り固めたとの説は化学的に証明すればすみますが、それがいつの時代なのかを明らかにするのは難しいのかもしれません。

藤井正雄氏（『現代人の信仰構造』日本人の行動と思想32、評論社、一九七四年、２０２頁）によれば、福島県白河市の浄土真宗本願寺派常瑞寺の本堂右手に「骨灰の御影」が祀られているそうです。寺伝では、親鸞七十歳の時に自刻した木像に「弟子の如信」が親鸞の灰骨に漆をまぜて塗り上げたものだそうです。「弟子の如信」が親鸞の孫とすれば、親鸞が七十歳の時、如信は七歳でした。このとき、親鸞は帰洛していて、如信が関東に下向したのは正嘉二（一二五八）年、二十三歳だったとされます。如信は灰骨を漆で塗った影像を携えて関東に向かったのでしょうか。「塗り上げ」について、確証はないように思われますし、親鸞自身が自分の影像を刻んだとすれば、どのような心境だったのでしょうか。親鸞の信仰からは説明し難いでしょう。

宗祖・親鸞の像を灰骨で塗り飾るというのは、「信心」を重んじる親鸞の信仰にもとる所業ですが、門信徒の素朴な崇敬の念の発露とすればあながちに否定できないでしょう。遺骨に霊力が宿るという俗信は根強く、難病の妙薬として珍重され、遺骨の粉末を塗り込めたと伝えられる像を生身《なまみ》の存在として崇拝する心情の基盤となります。

親鸞の師である法然は没後にいったん埋葬されましたが、比叡山の僧徒が法然の墓所をあばき、遺骸を鴨川に流す計画を立てていることが判明したので、法然の遺骸を粟生野《あおの》の光明寺に移して荼毘に付し、その場所に仏堂を建てた、と『法然上人行状絵図』（第四十二巻第六段）にあります。ところが、火葬後、遺骨を二分し、「一つを遺弟達に、一つを光明寺の御廟に納め、火葬跡の灰・土とをかためて五重塔を作り墳墓の上に奉安した」（藤井正雄『骨のフォークロア』189頁）と、光明寺誌が伝えているのだそうです。親鸞の場合は御影に灰骨を塗り、法然では灰骨をかためて五重塔を建てたのですが、灰骨を用いる趣旨は同じでしょう。

室町時代の話ですが、飢饉と疫病が蔓延し、死者が多数でたのが応永二十八年です。『看聞御記《かんもんぎょき》』（応永二十九〔一四二二〕年九月六日条）に、昨年の飢饉にともない、病気で万人が死亡したことから、追善供養に勧進僧が多く京都市中に集まり、死骸の骨で地蔵を六体造って、大きな石塔を供養のために立てた、とあります。

なお、明治時代に遺骨で仏像そのもの、つまり、骨仏《こつぼとけ》を作った事例を藤井正雄氏（『前掲書』191―204頁）が紹介しています。それによると、骨仏の練造で有名なのは大阪市四天王寺西門の一心寺で、明治二十年に最初の骨仏が五万体の白骨（分骨用の喉仏）で作られて以降、十年ごとに一体ずつ開眼しました。遺骨をもう一度焼き直し、ボロボロにして糊でこね上げて作ったこの骨仏を、なめるか、キスすると、西方浄土に往けるのだそうです。大戦の空襲で一心寺の大部分は灰燼と化したものの、昭和六十二年には戦後第六体目の骨仏が作られたとのことです。

親鸞の祖像「生身の御影」は灰骨の粉が漆で塗りこめられたものであると伝えられますが、浄土真宗本願寺派ではその発想を受け継いだものか、昭和三年に関東大震災の罹災者の骨で固めた阿弥陀仏像を作りました。藤井氏によると、築地本願寺は本所被服廠跡に震災記念慈光院を建立、須弥壇の阿弥陀仏は「数千の遭難者の骨を粉に砕いてうるしで塗り固め製作した（『国民新聞』昭和三年八月二十八日付）」そうです。仏像の蓮台の下には遭難者の遺骨を納めたそうで、二十名の僧侶と稚児百人が練り出し、盛大な供養が行われたとのことです。

一心寺では白骨（喉仏）で骨仏を作るのですが、西日本では上骨《かみこつ》の頭骸骨・歯・喉仏は埋葬されるか、本山に分骨が送られます。それ以外の骨は下骨《しもこつ》として廃棄され、上骨と下骨は扱いが区別されます。

戦後も昭和四十年代まで、とくに北陸の浄土真宗地帯で「骨掛け習俗」が色濃く見られました。火葬後、焼骨を上骨と下骨に分け、上骨は骨壺に納め、仏壇や床間に安置するのですが、背・脇・手足の骨が下骨で、苞《つと》（菰《こも》）に入れて樹に掛けます。上骨だけを舎利として供養する一方、下骨を墓地のどこかに埋めてしまうのは、これを粗末に扱うことになるとの意識があって、樹上にぶら下げ、風雨にさらして浄化をはかった、と見る向きもあります。四十九日が過ぎると、墓穴に遺骨を埋めるのですが、上骨は下骨の上に埋めます。このように、遺骨を上骨と下骨に分けて、その後の扱いに違いがあることから、上骨崇拝の気風がうかがわれます。

上骨のうち、頭蓋骨を尊重し、丁重に扱うのは、処々にみられる気風です。たとえば、古い墓所の遺骨を他の墓に「骨寄せ」する場合、頭骨がもっとも重視されます。墓所を替えるのに、墓土を一握り移す流儀があり、頭骨に近い所の土を移したりします。また、河原から白石を持ってきて詣《まい》り墓に据える風が淡路島西岸にみられるのだそうです（両墓制では遺体を埋める墓のほかに、石塔だけが据えられる詣り墓があり、遺族はこちらに墓参します）。この白石も頭骨崇拝の遺風と考えられます（大林太良『葬制の起源』、角川新書、一九六五年、138頁）。

上骨は供養されるのに、下骨は廃棄され、それが野ざらしにされて、「累々として山をなし、ときには燃え残りの着物や肉片もまざっていて、異様な光景であった」（藤井正雄『前掲書』199頁）そうです。その光景に心を痛めた僧侶・篤信者の発案で、廃骨で仏を作る動きにつながります。藤井正雄氏（前掲書）は、金沢市の浄土真宗大谷派の孝真寺を例にあげます。廃骨をふるいにかけて整理したものが八百三十二貫に及び、これを一丈三尺の釈迦如来像に練造したのが昭和五年だそうです。また、名古屋市の白王寺（曹洞宗）にある一丈八尺の観音像は昭和八年に作られた骨仏で、火葬場で野ざらしとなっていた廃骨一万八千体分を練って作られ、「中村観音」として知られています。見向きもされない廃骨で作られた骨仏には仏法の慈悲の精神が宿っているとみなされます。

一般に、頭蓋骨などの上骨《かみこつ》は礼拝対象として墓所に納められるのですが、下骨は廃棄物扱いです。昨今では、さすがに、下骨が火葬場の片隅で野ざらしになっている光景は見られないでしょうが、本来は、上骨と下骨は同じ人骨の一部なのですから、扱いに差があり過ぎるのは気になります。

遺骨崇拝が行き過ぎ、感情移入が激しければ、かえって仏教との縁が遠くなります。遺骨の背後には「諸行無常」の哲理があって、この世のものはみな塵に同化、宇宙の摂理に呑み込まれていくというのが仏教の教えです。

まとめ――髑髏の古層信仰――

髑髏が野原にころがり、草がその目を貫いて生えている光景は古代・中世ではめずらしくなかったでしょう。小野小町伝説や『日本霊異記』『法華験記』『今昔物語集』などの説話集で草藪の髑髏が口をきき、髑髏を供養した人物に「報恩」する話が少なからずみられます。この種の話は奇瑞譚といえるもので、奇瑞は極楽往生を保証するものでした。髑髏には霊力が宿るという信仰があったからです。しかし、そのような信仰は中世後期では弱まり、奇瑞や夢告をすなおに信じられなくなるという意識変化が起きたとされます。たとえば、鴨長明の『発心集』では往生奇瑞譚が記されることが少なく、発心に至る心理的な葛藤、強烈な執心がとりあげられる傾向にあると指摘されます。さらに、庶民に専修念仏の教えが浸透したこともあります。非現実的な奇瑞に出会うこともなく、造塔・写経・布施などの善行を積む余裕のない庶民には、念仏を一口でも唱えれば往生できるという教えは魅力的でした。

ただし、「歌い髑髏」などの奇瑞譚にみられるように、髑髏の霊力に対する古層信仰は根強く残ります。たとえば、難病の特効薬として髑髏の粉末を服用するのは典型的な俗信です。高僧の遺灰を呑むために、門信徒が火葬場に大勢おしかけた、という話もあります。骨に霊魂が宿るとの信仰から、高僧と一体化することを望んだのでしょう。遺骨崇拝といえます。焼骨は火で浄化されたものので、死霊が成仏したものともされます。また、親鸞の「生身《しょうじん》の御影」は本山御影堂に安置されていますが、これは親鸞の灰骨をまぶしたものと伝えられます。「生身」といわれることから、灰骨を塗布することで木像に聖人の霊力を与えたいという門信徒の願望にこたえた伝承でしょう。さらに、不特定の人々の遺骨を粉砕し、フノリで練り固めた骨仏《こつぼとけ》を造立する話も報告されています。とりわけ、火葬場の片隅などに遺棄され、「野ざらし」となっている廃骨を練造して骨仏とする例は慈悲の精神の発露とみなされるでしょう。廃骨は縁故の人も特定できませんが、骨仏になれば礼拝対象になって、供養され、まず当分は無縁化されることはないでしょう。それも白骨の功徳というものでしょうか。

なお、髑髏は死霊の坐する場所とされ、他の部位の骨よりも重んじられます。平安時代、死体頭部は重視されたようです。とくに欠損のない完全な頭部はそれだけで「穢れ」とされたとの記録がみられるとのことです。他の部位については、それが単に死体の一部として発見された場合、「穢れ」とされないことがありました（山本幸司『穢れと大祓』増補版、解放出版社、二〇〇九年、20－22頁）。ただし、頭部であっても、白骨化した古いものである場合は、「穢れ」とされなかったそうです。これは、火葬で焼かれた白骨の髑髏が「穢れ」とは思われず、むしろ「成仏の証」とされたことと関連するのでしょうか。また、浄土往生の儀式の一環で使用される火には強力な浄化力が備わっているとされたからでしょうか。

あとがき――「無墓制」と「遺骨崇拝」――

本年、七十三回目の正月を迎えました、とくに感慨はないのですが、それなりの年齢まで生きてきたという気持ちはあります。ただし、これまで何度か死に損ねた経験もあって、こうして生きていることが不思議とも思ったりします。たとえば、幼稚園児だったころ、近くの遊園地のプールサイドに坐っていたら、後ろから突き落とされたことがあります。手足をめちゃくちゃに動かして助かりました。小学生の悪餓鬼のいたずらでした。それ以来、遊園地のプールには行きません。また、渓流釣りの沢歩きで、岩に手をついたところ、ゴロリとその岩が足元に落ちたこともあります。かなり大きな岩で、落下地点に白煙がたちました。キナ臭いにおいが漂った記憶があります。わたしは用心深い方で、運転免許も持っていないのですが、このように、あぶない経験が全然なかったわけではありません。しかも、本人がその危険に気が付かないで平然としていたということもあるでしょう。

この世に生まれた以上、「死の縁は無量」です。幸運の積み重なりで生きてきたともいえます。それを「神・仏に守られている」と思う人もいますが、そんな都合のいい神仏がおられたら、誰もがあらそって帰依します。仏教の「仏」は、本来は、人を不運・災厄から守る存在ではありません。もしそうであれば、地球は人類であふれかえっているでしょう。何時《いつ》、どえらい不運にみまわれてしまいかねないのが人間の定めです。あの法然ですら「仏・神に祈れば治るのであれば、一人として病み・死ぬものはいない」と言います。

病気や事故・事件で死ぬことに加え、自殺の誘惑も人生経験が長ければ避けがたいものです。わりと記憶に新しいのですが、平成三十年一月、社会経済学者で評論家の西部邁《すすむ》氏（七十八歳）が多摩川で入水自殺した件で、自殺ほう助で知人が二人逮捕された、と報道されました。西部氏は、晩年、神経痛で手が使えなかったそうです。西部氏のある友人によれば、すでに、二十年前の九十年代半ばから自死で人生のけじめをつける、と繰り返し言っていたそうです。平成三十年七月十二日付の『毎日新聞』夕刊の社会面によれば、西部氏の長男が東京地裁に出廷し、「父は四年前に母親が亡くなったことで自殺を考えるようになった。止めようとしたが駄目だった」と証言しています。なお、自殺ほう助の罪に問われた二人について、一人はこれを認めています。平成二十九年夏ごろ、西部氏に自殺を打ち明けられ、現場を下見し自殺道具を購入したそうです。しかし、自殺の理由はときには本人でさえもよく分からない部分があるのかもしれません。今回の入水自殺にしても、理性的に完遂したものと言い切れるかどうか。ただ、口に毒薬入りの小瓶を含んで入水自殺したことなどから、自殺の実行にかなり手間取った様子がうかがえるようです。本書序章で安楽死の問題を扱った際に、薬物を使う方法では確実に死ねないとの専門家（?）の意見を紹介しましたが、入水もかなりの苦痛をともなうわりに手間がかかるのだそうです。おまけに、死後すぐに発見されなければ、遺体は無惨な姿をさらすことになります。「土左衛門を見ると長生きできない」と、言うのも、九相でいえば「第二　肪脹相」にあたり、ガスで膨れ上がり水面に浮かぶその姿が、見る者の命を縮めるほど、醜悪であるからでしょう。大海原の沖に流されて消えていく保証はありません。協力者がいなければ、入水自殺をする気にはなれないのかもしれません。

安楽死をめぐり、本書序章で『死にたい老人』にふれましたが、著者の木谷恭介氏が恐れたことは、自殺企画を知っていてそれを警察に知らせない場合、その人が「保護責任者遺棄致死」の罪に問われるのではないかということです。西部氏の場合は自殺ほう助にあたるそうですが、普通の心理状態では、家族・友人に迷惑をかけてまで自殺を決行しようとは思わないでしょう。『死にたい老人』によると、木谷氏の友人は「人間は理性では自殺できない、ウツ病で思いつめて、実行する」と、言うのだそうです。木谷氏は「それが本当なのか、ちがうのか、実験してみたい」という気持ちが胸の中で疼《うず》いていて、断食安楽死への誘いが断ちがたかったのだそうです。その木谷氏もほぼ一年後に掛川市内の病院で死去。死因は「心不全」とのこと。「心不全」は死因としてはあいまいですが、「自力による理性的な死」はかなわなかったようです。死亡年齢が八十五歳ということを考えれば、めでたく天寿をまっとうしたのかも知れません。「心不全」は御本人が望む死に方ではなかったようですが、不完全ながら断食安楽死の記録をのこして死ねたのですから、もって瞑《めい》すべきでしょうか。

近くの電気屋さんが店舗閉鎖の挨拶にきたのですが、あらたに別店舗を開設するのに苦労したと言います。彼が愚痴るには、不動産屋と交渉したところ、年寄りには部屋を貸したがらないとのことです。つまり、老人は余命が短く、いつ死ぬかわからない。死ねば、孤独死になる可能性がある。腐乱・白骨死体にでもなれば、事故（瑕疵《かし》）物件となり、貸店舗の不動産価値が下がる、という理屈です。

木谷氏は自宅で死ぬことを前提に自殺企画を立て、死後一日か二日で発見されるように段取りを考えたとのこと。室内に腐乱死体をさらし、使用不可能にすることは是非とも避けたいわけです。これがとても難しい、とこぼしています。また、木谷氏は『消えるように』この世から去ることを願い、「首吊り、飛び込み、練炭火鉢、刃物による失血死」で自殺はしたくない、と言います。死後の状態が気になるのでしょう。

自死後の始末について、木谷氏は簡潔な遺言を親族に残しています。「葬式はするな。遺体は火葬場に直行。直葬の後、骨壺を海中に投棄せよ。なお、親鸞の『歎異抄』が愛読書だったので、これを棺に入れるかどうか迷っている」とのことです。木谷氏は火葬したのち水葬を望んでいます。なお、骨壺に遺骨を入れるので、散骨ではありません。黒潮に骨壺が投入されてしまうので、墓もいりません。昭和六十二年七月、俳優の石原裕次郎が死去。海が好きだったものの、裕次郎の遺骨は海中に投棄はせず、花束を投じる「海上追悼式」が行われたそうです。遺骨は寺院の墓に納められました。当時は「墓地、埋葬等に関する法律」に抵触することで、遺骨の海中投棄は許されませんでした。今は、散骨葬について条文解釈はだいぶ緩められているようです。「葬送のために節度を持って行う限り問題はない」が法務省見解ですが、それでも海への散骨は沖合で行い、粉骨することが求められます。

遺言内容から木谷恭介氏の宗教観がある程度分かります。まず、親鸞の『歎異抄』を愛読しています。葬式無用論者のようです。それから、墓を建てることに関心がなく、遺骨についても無頓着です。こうしたことは相互に関連して、一つの方向を示します。親鸞の信仰です。木谷氏（『死にたい老人』193頁）は、「親鸞は『真理』という抽象的な概念を、『念仏』という具体的な行為で説いた。その『念仏』の奥には、一切衆生を救済しようとする阿弥陀如来の本願がある」と、的確に親鸞の信仰を理解する言葉を残しています。ここから「葬式無用」「墓・位牌無用」「遺骨を尊重せず」などが引き出せます。

なお、念仏には、「南無阿弥陀仏」という六字名号の他に、「南無不可思議光如来」などの九字・十字名号があるのですが、親鸞は六字名号を避ける傾向があって、六字名号が真宗内部で普通に用いられるようになったのは蓮如中年以後の時代とされます。親鸞は六字名号に付随する呪術性を嫌い、梵語の音写であるが故にその意味を理解せずに称えることに警鐘を鳴らしています（『教行信証』化身土巻〔真門釈〕）――〔大意〕本願の名号（「南無阿弥陀仏」）をおのれの功徳として称えるので、他力の信心を得ることができず、仏の智恵を悟れない。親鸞の厳しさの一端は念仏を呪術・情緒的に称えることを拒否することにもみられます。木谷氏は念仏の基本を「慈悲の働きをもつ宇宙の摂理の呼びかけ」と捉えているようです。

「某《それがし》　親鸞　閉眼せば、賀茂河にいれて魚《うお》にあたふべし」（覚如『改邪鈔《がいじゃしょう》』第一六条）」とは、親鸞の遺言とも考えられる言葉で、肉身への執着と葬送儀礼への関心を捨て去ったことを表わしています。親鸞は「遺棄葬」を示唆しますが、「遺棄葬」では当然なことに「墓無用」「遺体・骨を尊重せず」ということになります。親鸞を宗祖とする浄土真宗では、歴代の宗主の墓所には石塔は建てられず、松などの樹木が植えられることが多かったとされます（第十二代まで）。本書第一章で真宗地帯の「無墓制」にふれましたが、石塔を建てずに散骨し、樹木を植えたりする葬法は古層習俗につながります。親鸞の信仰はその古層習俗を保持する方向に働いた、と考えられます。

木谷氏の「葬式無用」論も、信心をもっとも重んじる親鸞の信仰から説明できます。親鸞自身の臨終行儀は、「親鸞伝絵・絵伝」で、その儀礼が簡素に描かれ、当時、高僧の臨終で主流だった「五色の糸を引く・袈裟を掛ける」などの天台浄土教の臨終行儀はみられません。親鸞は「葬式は無用」があるとまでは言わないのですが、儀式ではなく、信心本位を推し進めた延長線上に「葬式無用」があるわけです。「位牌無用」も同様に理解できます。

位牌は江戸時代に一般庶民に普及したのですが、本願寺第八代宗主・蓮如が「後を弔って、位牌・卒塔婆を立てるのは輪廻する者のすることである（大意）」（『第八祖御物語空善聞書』）と、言ったことからも、位牌が阿弥陀仏の救済を軽んじる象徴と目され、これを用いない真宗地帯が北陸地方などにみられました。一般に、位牌は「故人の霊が宿るもの」と受け止められています。しかし、真宗では故人の霊は阿弥陀仏の身許・浄土に往っているはずです。そうであれば、位牌は要らないでしょう。木谷氏が位牌を重視しないと思われるのは、浄土真宗の宗風のなかで育ったこともありますが、「この世に霊魂は存在しない」という氏の考えによります。

「白骨には故人の霊魂が宿る」という意識はかつて根強かったようです。骨を死霊の依代とみなす「霊骨一致」の観念です。「この世に霊がとどまる」という意識につながります（赤田光男『祖霊信仰と他界観』人文書院、一九八六年、32頁）。最近、手元供養と称して、遺骨の一部を腕輪など小型骨蔵器に納めて身につけるのがはやっていますが、これも同じ意識からでしょう。信心本位を標榜する真宗ですら、灰骨を漆にまぜて塗ったと伝えられる親鸞の木像が御影堂に安置されています。「生身《しょうじん》の御影《ごえい》」です。骨に霊力が宿るという意識のもとに、骨仏を造立する動きもあります。抽象的な「真理」よりも具体的なものに手を合わせやすいものです。しかも、霊力が込められているものならば、おのずと供養しようと思う気持ちがわき出てきます。骨仏造立にみられるように、現代でも遺骨崇拝はすたれていないようです。
親鸞には「遺骨崇拝」はありませんが、『教行信証』（化身土巻）で「貪欲《とんよく》の病には教へて骨相《こつそう》を観ぜしむ」（〔大意〕人間の病には三種があり、その内の貪欲の病には骨相を観じるのが有効であることを知らせるべきである）と、『涅槃経』の抄訳をあげています。この「骨相」とは「九相観」の第八相（智顗『摩訶止観』）にあたります。親鸞にとって、白骨は無常観の媒体であるのに過ぎません。

　人間の死後の不浄相を心に描く九相観は初期仏教からその原型があり、僧がこの修行に打ち込む図は西域の仏教遺跡の壁画に描かれています。五，六世紀の遺跡です。誕生から白骨化するまで、不浄・無常相を漢詩にする風は敦煌出土文書や正倉院文書にみられ、六世紀（隋代）の天台智顗の『摩訶止観』が九相観の手本とされました。十世紀には源信が『往生要集』で、『摩訶止観』などの経論に基づいて、「九相観」を説きました。ついで、伝空海・蘇東坡の「九想（相）詩」が十一世紀以後に成立します。漢詩・和歌を含む総合芸術として九相詩絵巻が室町時代に作られ、江戸時代では九相図の絵解きが盛んとなりました。ただし、「小野小町九相図」は昭和十年代まで絵解きされましたが、明治以降、絵解きの凋落は著しく、かつて「六道絵」の絵解きでにぎわった聖衆来迎寺ですら、戦後には衰退し、絵解きは廃絶します。

　九相観説話は平安時代末期に編纂され始めました。鎌倉時代には鴨長明『発心集』、慶政『閑居友』が九相観説話を多く載せています。その説話の中には、女性が自発的に不浄の身をさらして、男性が抱く女性への色欲を滅却させようとする説話が含まれます。以前の九相観では、死亡した女性の肉体が色欲滅却の素材に用いられるに過ぎませんでした。女性が慈悲の精神をもって男性を救済する説話が中世に発生したことになります。さらに、救済の対象が男性だけでなく女性をも含むようになったのもこの頃です。たとえば、『閑居友』が高貴な女性に献呈する意図で書かれたことは、教化の対象が女性であったことを示します。読者を女性と想定していることは、不浄観説話はかつて男性の開悟を目的としたのですが、教化の対象が女性を含む層にひろがったことを示すでしょう。『閑居友』の下巻はほぼすべて女性が主人公であるという特徴をもちます。男性だけでなく、女性を教化の対象とする考えは、近世で成立した檀林皇后の九相観説話にもみられます。

檀林皇后は日本禅宗史上最初に禅宗を伝えた人物であるだけでなく、嵯峨天皇の后（橘嘉智子）であった人で、日本で最初の禅寺である檀林寺を創建したことでも知られ、しかも、日本人として初めて禅の悟りを開いた女性との認識が中世の禅林でひろがっていたようです。夢窓疎石が檀林皇后を「聖なる女性」として重要視したと伝えられています。夢窓が上流階級の女性たちのために禅の教えを説いていたという背景があって、「女人教化」を目的に檀林皇后の九相観説話を説く下地が中世で用意されていたとも考えられます。檀林皇后は自ら開悟する姿を示しただけでなく、九相を自らの意志でさらしたという伝説が女性教化の意味に解釈されました。近世に入ってからのことです。十八世紀の銘がある「檀林皇后九相図」（狩野文庫本）の最後には尼僧が描かれていることから、これも女人教化を目的とする九相図であることを示すとされます。なお、史実として、檀林皇后は遺言により薄葬（簡素な葬法）でした。究極の薄葬は遺棄葬です。

「檀林皇后九相図」と同じく、「小野小町九相図」も近世に至ってあらわれました。江戸時代に、既存の九相図を小野小町のものと読み替えて絵解きすることが流行したそうです。小町の名が知られていることから、その落魄譚と九相図が結びつくことで、大衆の耳目をひきつけやすく、掛軸形式の九相図が寺院の行事のさいに絵解きされました。驕慢の美女が落魄し、腐乱死体をさらす姿に、教訓的な女人教化の意味もありました。

本願寺第三代宗主・覚如の長子である存覚は『存覚法語』で『摩訶止観』に基づき九相観をかなり詳しく述べているのに対し、第八代蓮如は上記『存覚法語』から、「紅顔そらに変して桃李のよそほひをうしなひぬれは」を、自身の「白骨の御文章」に採り入れてはいるものの、蓮如はそれ以下の九相描写を無視します。実は、その部分こそ存覚が重視したいところだったようです。また、蓮如が火葬を前提にして御文章を書いていることも重要です。火葬の結果生じる「焼骨」は不浄と見られず、むしろ「成仏」の標とされるので、「不浄観」の対象としては適さないことになります。白骨によって蓮如が「無常観」を強調したのは理の当然です。宮治昭氏（「キジル第一期のヴォールト天井窟壁画」『涅槃と弥勒の図像学』）によると、第77窟と第２１２窟でドクロを前に僧が禅定（坐禅）・観想しています。また、ほぼ同時代（五～七世紀）に属しますが、アフガニスタンのハッダのタパ・

ショトル地下祠堂奥壁にも、白い骸骨像の左右に仏弟子が坐禅・観想している壁画があります。宮治氏は、遺体がここにないことから、「不浄観」ではなく「白骨観」とします。「白骨観」は「光輝に溢れる禅定の境域が達成される」修行段階を意味し、また、「白骨は光り輝くイメージで捉えられて」いるとされます。不浄観はたいてい九段階から成るので「九相観」ともいい、その最後の第九相が「白骨観」の対象で、世俗の不浄世界から仏の聖なる世界への転換をうながす観法と考えられています（宮治昭「前掲論文」）。つまり、白骨観は人体の不浄を説く不浄観から独立する傾向がつよい、とされます。シルクロードの壁画にある白骨観修行は不浄観から独立したもので、その白骨観は無常を強調する蓮如の「白骨の御文章」の主旨と通底します。無常観は不浄観よりも悟りに近づいた哲理です。

火葬が普及したこともあって、仏教修行の不浄観は衰退しました。しかし、白骨を媒体にした「無常観」の流れは蓮如の「白骨の御文章」拝読をつうじて現代でも途切れてはいないでしょう。ただし、室町時代に生きた蓮如の言葉は特に若い人には理解するのが難しいという問題があります。また、九相図の絵解きが仏教の唱導に利用される時代は過ぎ、今日では美術品として鑑賞されるにとどまり、一般庶民への布教手段としてはその機能をほぼ失ったといえます。したがって、葬儀で「白骨の御文章」を拝読することでしか、九相観を媒介に世の無常に思いを致す方策は残されていないのでしょう。しかも、蓮如は九相観から不浄相を削除し、最終相の「白骨」に焦点をあわせ、無常観を強調します。「白骨の御文章」に不浄観を求めることはできません。

　ともあれ、現代に生きる我々が、古代・中世の庶民のように「野捨て」されることはまずないのですが、独居老人となって白骨死体で発見される危惧はあります。「野捨て」の白骨と独居老人の白骨、それと近代的な火葬炉で焼かれた白骨に、どれほどの違いがあるのかを考えてみると、白骨は白骨であって、それ以上でも、それ以下でもない、と言えそうです。白骨観によって「無常」を観じるにしても、白骨そのものも「諸行無常」の哲理に呑み込まれ、塵と同化します。

　源信（『往生要集』巻上「厭離穢土《えんりえど》（人道）」）は、『大般若波羅蜜多経』に基づき、「九相」の最終段階を「白骨となりをはれば（中略）つひに腐朽砕末《ふきゅうさいまつ》して、塵土《じんど》とあひ和《わ》しぬ」（（大意）白骨となってしまえば…ついに腐り朽ち、砕けて粉になり、塵や土と同化してしまう）と、描写します。このように、白骨といえどもいつかは風化して消え失せてしまうので、そこに霊魂が永久に宿るとは確信しにくいのですが、それでも骨壺に納めて墓穴に入れておけば、永久ではないにしても長期の保存は可能です。ただし、いつかは風化するのが避けられません。「霊骨一致」は限定的です。

　昨今話題にあがる「散骨葬」には、まず「霊骨一致」は期待できず、霊魂が宿る骨はないに等しいでしょう。それでは寂しいと思う人には、「樹木葬」がふさわしいといえます。「樹木葬」でも遺骨はいつか自然に吸収されて消え去るのですが、霊魂は自然の循環作用によって、樹木に吸収され、樹木とともに存在し続けるわけです。ただし樹木といえども、いつかは枯れてしまう危惧があります。

古代から現代まで、人間の願望・思惑にしたがって、これらの葬法が現れたり、消えたりしてきました。だが、どのような葬法にも、結局は、人間は満足できないのかもしれません。「死」の本質が分かるまでは。

二〇一八年五月七日　岸田緑渓

図版引用文献

キャスリーン・コーエン『死と墓のイコノロジー』(小池寿子〔訳〕、平凡社、一九九四年)
山本聡美・西山美香〔編〕『九相図資料集成』(岩田書店、二〇〇九年)
山本聡美『九相図をよむ』(角川選書556、二〇一五年)
小松茂美〔編〕『北野天神縁起』続日本の絵巻15(中央公論社、一九九一年)
『餓鬼草紙　地獄草紙　病草紙　九相詩絵巻』日本絵巻大成7(中央公論社、一九七七年)
宮治昭『涅槃と弥勒の図像学』(吉川弘文館、一九九二年)
林雅彦〔編著〕『絵解き万華鏡』(三一書房、一九九三年)
中井真孝〔編〕『本朝祖師伝記絵詞(善導寺本)』(思文閣出版、二〇〇八年)
信仰の造形的表現研究委員会〔代表〕千葉乗隆〔編〕『真宗重宝聚英』第五巻(同朋舎出版、一九八九年)

●著者プロフィール
岸田 緑渓（きしだ りょくけい）

昭和20年　島根県生まれ。
元セント・アンドルーズ大学客員研究員。
現在、浄土真宗本願寺派僧侶。
現住所　〒177-0033　東京都練馬区高野台5-9-4
電話　03-3996-8525

『白骨に学ぶ――人道《にんどう》の苦・不浄・無常相――』

発　行　2018年12月25日　第一版発行
著　者　岸田緑渓
発行者　田中康俊
発行所　株式会社 湘南社　http://shonansya.com
神奈川県藤沢市片瀬海岸3-24-10-108
TEL 0466-26-0068
発売所　株式会社 星雲社
東京都文京区水道1-3-30
TEL 03-3868-3275
印刷所　モリモト印刷株式会社

ISBN978-4-434-25480-2　C0015

岸田緑渓著

日本の葬送儀礼

―起源と民俗―

「カラスが鳴くと人が死ぬ」、「死者の着物に水をかける」、「香典に赤飯を持ち寄る」、「意味のわからないお経を聞く」、「幽霊が三角巾をつけるのはなぜか」など、葬送儀礼の起源・民俗について三十一項目にわたり論考します。

ISBN978-4-434-17134-5 ● 四六判 324 頁 ● 2000 円 + 税

湘南社

岸田緑渓著

親鸞と葬送民俗

浄土真宗における習合の問題に迫る

宗祖親鸞への求心力と固有民俗に向かう遠心力が浄土真宗の葬送・墓制民俗を形成してきました。豊富な民俗例によって、真宗における習合の問題が明らかにされます。

ISBN978-4-434-18292-1 ● 四六判 374 頁 ● 2800 円 + 税

湘南社

岸田緑渓著

臨終行儀の歴史

—高僧往生伝—

「臨終行儀」は、平安・鎌倉期で盛んに行われましたが、今ではほぼ失われています。その要因を信仰との関連で解き明かし、同時に、中世浄土教と現代の終末期ケアの共通点に注目します。

ISBN978-4-434-23810-9 ● A5 判 332 頁 ● 2800 円 + 税

湘南社